刘英俊

中国梦•青少年爱国励志篇

编著：孙莹莹

黑龙江美术出版社

前言

凡可称经典者，必具备以下特质：第一，经由人类文化、文明史千锤百炼般检验后依然万古长存，深受一代代读者的垂青和热读；第二，不会因为社会政治、经济、文化环境的变迁而改变传播命运；第三，所蕴含的人生理念、美育观点、知识能量、人伦教理，永远是人类正能量取之不竭的源泉，即所谓的“源头活水”；第四，具有人类普世的价值内核。当然，经典有时会表现出那么一点点的不与时俱进，有时还会表现出那么一点点的非现代化，但是经典永远不会引领人类走向歧途。对于一个民族来说，没有经典文化的代代传播和代代阅读，这个民族就没有立足世界的本根；同样，没有经典的世界，也就妄谈人类文明。经典文化犹如快速奔跑、努力拼搏着的人类的老母亲，她会在你时而有些忘乎所以的狂热之时提醒你一句：放慢脚步，等一等你的灵魂。正因为如此，在人类现代化程度如此之高的 21 世纪，阅读经典的热潮才会一波高过一波，这是人类的希望所在。因为人类没有因为高科技带来的现代快节奏生活而忘记深情回望一眼自己的母亲，再聆听一下母亲那似乎有些老套但绝对本质的叮咛。

“少而好学，如日出之阳。”阅读经典从青少年开始，就会牢牢铸就孩子一生的营养健康基因。这种营养的投入，就像某种产品的间接成本，你说不上它作用于孩子未来的哪一个方面，但绝对是成就孩子理想健康人格和综合素质所必要的。

这套青少年版用眼镜蛇卡通形象为标识的经典文化书系，由三个系列组成，第一系列:“影响孩子一生的国学典藏书系。”它荟萃了中华文化浩瀚海洋中的精华，从古老的《诗经》到浪漫的唐诗、宋词、元曲、明清小说，从经典的蒙学读物到诸子的智慧篇章，从充满想象力的神话故事到上下五千年的历史……可谓循序而进，万象毕集。第二系列：“中国孩子必读的世界经典名著书系。”它汇集了世界经典文学读本，意在通过世界不同语言国家的经典名著的阅读，打开孩子观望世界的窗口，培养孩子博大的文化胸襟，融入世界的思维方式和情感趋向。毕竟，人类已经进入了地球村的时代，世界经济也正在走向一体化。第三系列：“中国梦·青少年爱国励志篇。”它囊括了为国牺牲、献出年轻生命的英雄们的故事，刘胡兰、董存瑞、雷锋等人物形象历历在目，栩栩如生，旨在让青少年在阅读中重温过去，了解历史，感受革命与传统的震撼，感受红色浪潮的冲击，从而受到爱国主义、民族精神的教育。

最后须要强调的是，“经典”是一个开放的系统，因此本套“眼镜蛇经典文化书系”在现有诸多品类的基础上，还会不断增加新的内容，以满足青少年读者的阅读渴望。

编　者

目　录

生平

事迹

追忆

生平

短暂的一生

刘英俊是中国人民解放军涌现出的雷锋式的伟大战士。

1945年，刘英俊出生在吉林省长春市东郊八里铺一个破砖窑里。

1960年东站小学毕业进入长春市十八中学读书。

1962年参加中国人民解放军，在驻黑龙江佳木斯市的23军67师200团重炮连任战士。入伍后，他处处以雷锋为榜样，严格要求自己，自觉地为连队、为人民群众做好事，甘当无名英雄。

他工作积极，先后受到营、团六次奖励。

1966年3月15日早晨，刘英俊所在炮连到佳木斯市郊外执行训练任务。三辆炮车临近公路汽车站时，放慢了速度，因为这里人多车杂，怕骡马碰撞群众。

在佳木斯公共汽车站附近，他驾的炮车辕马被汽车喇叭声所惊，突然向人群冲去。此时正是工人上班、学生上学的时间，公路上车来人往。车马径直朝人群冲去，情况十分危急。在炮车前面不远处有六个儿童吓呆了，孩子们的生命受到严重威胁。

在这千钧一发的时刻，刘英俊不顾个人危险，把缰绳在胳膊上缠了几道，猛力一拉，使惊马前蹄腾空而起，紧接着他不顾自己生命危险，手撑辕杆，从辕杆下面用双脚猛踩马的后腿，使尽全身力气踢倒惊马。马突然倒下，车翻了，六名儿童安然脱险。他却被压在翻倒的车马底下，身负重伤。

目睹这场舍己救人英雄行为的群众，一拥而上，急忙将他救起，把他抬送到附近的职工医院抢救。

这时，许多候车的乘客、上班的工人、上学的学生，都被他的英雄行为所感动，关心地紧跟在后面。

几百名群众和战士，纷纷要求为他献血。

由于伤势过重，抢救无效，他光荣牺牲，年仅21岁。

刘英俊所在部队党委给他追记一等功，追认他为中国共产党正式党员。

中国人民解放军总政治部向全军发出向刘英俊学习的号召。

佳木斯市修建了刘英俊烈士陵墓。

事迹

雷锋能，我也能

1962年刘英俊应征入伍。

刘英俊参军的第二年，正值毛泽东等老一辈无产阶级革命家发出向雷锋同志学习的伟大号召。刘英俊积极响应，时时处处以雷锋为榜样，决心做一名雷锋式的好战士。

刘英俊在日记中写道："一个人无论活多长时间，他的死，只要是献给党的壮丽的共产主义事业，那就是无限光荣的，有价值的。雷锋能，我也能。"

刘英俊学雷锋最大的特点就是言行一致，从点滴做起，从身边做起。

在连队，刘英俊是“业余修理员”，连队的桌椅、门窗坏了，他都主动修好。

在医院住院，刘英俊是“劳动休养员”，他帮助重病号打水、端饭，协助医护人员扫地、刷痰盂。

出差途中，刘英俊是“义务勤务员”，扶老携幼，急人所难，好事做一路。

在部队驻地，刘英俊是附近小学校的“校外辅导员”，他经常给小朋友们上政治课，还用自己的津贴，给学校买了许多宣传革命英雄人物的书籍。

刘英俊像雷锋那样闲不住，有空就为群众做好事。

一次，连队驻在农村搞生产，刘英俊发现村里有一对年老体弱、生活困难的夫妇，他就在生产之余，每天为老人家挑水、劈柴、打扫卫生，临走前，还起早贪黑为老人家挖了个大菜窖。

刘英俊也像雷锋那样，做好事不留姓名。他经常在佳木斯市西区帮助这家买粮，帮助那家挑水，可群众始终不知道他叫什么名字。

1964年6月，刘英俊所在的某连队的三班，单独在外执行生产任务。

一天，刘英俊到连里办事，回班的路上，忽然下起了大雨，走着走着，他发现有一辆牛车陷在河里。

刘英俊急忙赶到跟前，只见老牛卡在河中间，喘着粗气，赶车的老大爷不断地吆喝着，可是，老牛摇着脖子，一点也动不了。

这时，雨越下越大，河水暴涨，河心水深流急，满车的西葫芦眼看就有被冲跑的危险。

刘英俊毫不犹豫地“扑通”一声跳下河去，帮助老大爷推牛车。

车太重，推不动，老牛又被车子卡住了，起不来。

“把西葫芦卸下来吧！”刘英俊向老大爷建议。

“行啊！”老大爷说。

老大爷把西葫芦搬下车，刘英俊一筐筐地扛到对岸。

车轻了，老牛才从河里挣扎着站起来，慢慢

地爬上了岸。

一个多小时过去了，暴雨还在不停地下着。刘英俊不顾自己衣服湿透，又帮老大爷把西葫芦一筐一筐地装上车，然后说："老大爷，雨大路滑，赶车可要当心啊！"

老大爷感动得连声道谢，再三问他的姓名，刘英俊摇摇头回答说："不用谢，老大爷，这是毛主席叫我向雷锋学的。"

像这样的好事，刘英俊做了无数件。

心中的榜样

刘英俊无限地热爱党和毛主席，无限地信仰毛泽东思想。

刘英俊有四幅毛主席像，悬挂在宿舍的四周。每次野营或搬家时，他的第一件事就是把毛主席像取下来，保护好；到了新驻地，他的第一件事就是把毛主席像悬挂起来。

一年春节，刘英俊探家离开连队以前，专门找班长交代说："咱们班要是挪动地方，毛主席像一定要有专人负责。到了新的驻地，先把毛主席像挂起来，好让同志们天天看到毛主席。"

刘英俊对毛主席著作怀有深厚的感情，他常

说：“忘掉了毛主席的话，就等于忘掉了过去的苦和你的责任。”

刘英俊学习毛主席著作最刻苦、最勤奋。他反复学习了“老三篇”和《反对自由主义》，并通读了《毛泽东选集》。

除了坚持天天读以外，刘英俊还抓紧一切时间学习，有时深更半夜站岗回来，还在灯下读一段毛主席著作，写一段心得笔记。

刘英俊决心走英雄成长的道路，从他的日记中看到，几乎所有用毛泽东思想武装起来的英雄，无论是董存瑞、黄继光、刘胡兰，还是雷锋、王杰、焦裕禄，他都视为自己学习的榜样。

毛主席发出“向雷锋同志学习”的伟大号召，刘英俊把这句话记在本子上，写在墙壁上，刻在锄柄上，印在心坎上，落在行动上。他始终像雷锋那样，认真学习毛主席著作。

刘英俊在日记中表示，一定要“接过雷锋和王杰的枪，把革命进行到底；接过他们的日记，把他们没写完的日记写下去，为共产主义事业奋斗终生”。

正确的世界观

入伍后，刘英俊始终没有忘记自己是贫农的儿子。

1964年，刘英俊经过教育，特别是经过社会主义教育，他深入地学习了毛主席的论述，明确地树立了正确的世界观。

刘英俊在学习心得中写道："今天国内外的斗争，是极为尖锐复杂的，帝国主义、修正主义和一切反动派都在争夺青年一代，他们用形形色色的资产阶级思想来腐蚀青年……企图把反革命复辟的希望寄托在年轻一代的身上。"

在实际行动中，刘英俊也努力按照毛主席的

教导去做，去看待一切事物，处理一切问题。

刘英俊学习毛主席著作，真正在改造世界观上狠下了功夫。

刘英俊具有彻底的自我革命精神，他能自觉地运用自我批评的武器，向个人主义思想和其他不正确的思想坚决斗争。

刘英俊一发现自己的缺点，就坦率承认，主动检查，坚决纠正。

刘英俊的日记充满了自我批评，是一部以毛泽东思想为武器，兴正确的思想、灭不正确思想的战斗记录。

连队的同志都记得这样一件事：一个寒夜，刘英俊下岗哨时，他主动用一块木板把马房窗户上的一个破洞钉好了，然后回到住处，他又开始学习《纪念白求恩》。

带哨的熊志毅问刘英俊为什么还不睡，他说："这个破窗洞早就发现了，为什么没有想到立刻堵上！我要找找原因。"

刘英俊找出的原因是，"还缺乏白求恩同志那种对革命工作极端负责的精神"。

刘英俊在革命实践中，踏踏实实、一点一滴地改造自己，提高觉悟。

刘英俊经常利用节日、假日，热情洋溢、诚心诚意地为人民群众做好事，挑水、扫地、背粮、推车、垫路、修井，凡是对群众有益的事，他都不遗余力地去做。

在连队里，刘英俊也是个“老不闲”，修桌椅、做信箱、整工具，凡是有益连队建设的活儿，他都不声不响地干。

战友们说：“刘英俊做的好事，是无法用数字来计算的。”他做这么多好事，从来不留名，不汇报，也不在日记里记载，丝毫没有一点显示自己的意思，而是自觉地当作革命的实践。

刘英俊在日记中写道：“为革命贡献自己一切的人，才算是一个真正的人，我能否成为这样的人，还有待于实践。我确实深深体会到，‘实践是检验真理的试金石’，我将受实践的考验。”

刘英俊就是这样，通过学习毛主席著作和实践的锻炼，逐步树立了正确的世界观。

刘英俊说："为人民利益而死，就比泰山还重，为人民利益而活着的人，也比那泰山还重。""要革命就要斗争，害怕斗争就必然不敢革命。对于我们革命者来说，我们的一切都献给了共产主义的革命事业，除了参加革命以外，还有什么比这更幸福的呢？"

刘英俊胸怀中国革命和世界革命，每当毛主席发表关于支持各国人民反帝革命斗争的声明，他都热烈响应，明确地表示自己支持世界革命的决心。

有一次，刘英俊上街买东西，看到报纸上发表了毛主席关于支持刚果人民反对美国侵略的声明，他马上买了一份报纸，赶回连队，组织全班同志学习。

当天晚上，刘英俊以《毛主席声明照全球》为题，激动地写了一首长诗，表示只要祖国一声令下，就立即出征，和刚果兄弟一起消灭侵略者。

当美帝国主义侵略越南，发动战争时，他立即写了申请书，要求参加援越抗美斗争。

干中学

刘英俊坚持突出正确的方向。他坚决抵制单纯军事观点的影响，无论是要求自己还是帮助别人，他都把认真学习毛主席著作放在第一位。

1964年，刘英俊调到炮兵集训队学习技术，在当时军事冲击政治的情况下，他始终坚持天天学习毛主席著作。

在和本连同来的一个班长搞“一对红”活动时，班长一定要刘英俊利用星期天突击学军事，可他仍然抽时间，坚持在星期天学习毛主席著作和做群众工作。

刘英俊非常关心连队的思想建设，主动做了

许多思想工作。对于不符合军委指示的一些现象，他都认真地记下来，一有机会就向领导提出意见，直到完全纠正为止。

刘英俊是连队文化战线上的尖兵，他反复学习毛主席的《在延安文艺座谈会上的讲话》，还建议组织文娱骨干进行学习。

刘英俊常说，小节目要有大方向，要坚持毛主席教导的文艺要为人民服务的方针。

刘英俊利用业余时间，编写和改编了十多个文娱节目，画了二十多部幻灯片，出了六十多期黑板报，热情地歌颂党和毛主席，歌颂毛泽东思想武装起来的英雄人物。

这些活动，有力地配合了连队各项教育活动，起到了巩固和提高部队战斗力的作用。

刘英俊立场坚定，勇敢地捍卫毛泽东思想。他在一篇日记中写道：“我们不仅要善于辨别在正常情况下从事活动的坏人和好人，还要善于辨别在特殊情况下从事活动的某些人们。”刘英俊经常把这本材料拿出来认真学习。

刘英俊热情地宣传毛泽东思想。

他在连队宣传，还向群众宣传，向学校的老师和孩子们宣传，向亲友们宣传。

他当校外辅导员时，第一次给小朋友讲话，就讲读毛主席的书，听毛主席的话，做毛主席的好孩子。

刘英俊经常告诉小朋友们："红色少年应该画红色英雄。""红色少年应该看红色书籍。"

刘英俊在给同学、老师、亲友的信中，希望他们很好地学习毛主席著作，并和他们谈自己学习毛主席著作、进行思想改造的心得。

刘英俊在信中常常用毛主席的话，来帮助对方解决问题，还常常在信封上写一条毛主席语录，让对方第一眼就看到毛主席的话。

刘英俊以饱满的精神宣传毛泽东思想，他的信都是在半夜里利用上岗前或下岗后的时间写出来的。

1966年3月12日，刘英俊写了两封信，一封是他第四次劝一位同学下农村。他在信中，引用了毛主席的三段话，有一段是毛主席在《青年运动的方向》中所说的："看一个青年是不是革命

的，拿什么做标准呢？拿什么去辨别他呢？只有一个标准，这就是看他愿意不愿意、并且实行不实行和广大的工农群众结合在一块。”

另一封信是写给一位参加农村社会主义教育运动的同志。刘英俊在信上说：“……望你能经得起党对你的考验，要以党的利益为重，多学习毛主席著作，来指导自己的思想与行动，武装自己的头脑。”

可以说，刘英俊把宣传毛泽东思想当作自己毕生的任务。

热爱毛主席

刘英俊所在连队的墙上有他亲手挂上去的毛主席像，并且刘英俊每天都深情地、无数次看着它。

刘英俊刚调到三班来的那一天，随身带来了四幅毛主席像。他背包不解，铺位不整，先把四周墙壁打扫一遍，然后，把毛主席像一幅一幅、端端正正地悬挂起来。

以后，同志们还发现，刘英俊清晨整理内务，总是先把毛主席像正一正，用手轻轻地拂去像上的灰尘。

晚上，执勤回来，刘英俊总要到毛主席像

前，深情地仰望毛主席慈祥亲切的面容，长年累月，天天如此。

有一个时期，墙上潮湿渗水，为了保护好毛主席像，刘英俊专门用一块油毡纸衬托在像框的背面。

一次，刘英俊外出归来，发现一张毛主席像的边上少了一颗图钉，他急忙找了一颗补上。

刘英俊，这个贫农的儿子，心里蕴藏着对我们伟大领袖毛主席多么深厚、真挚的无产阶级的革命感情啊！

刘英俊为生长在毛泽东时代而感到骄傲、自豪和幸福。

一次，刘英俊所在班要调到某地去执行任务，刘英俊首先把毛主席像取下来，用白纸包了一层又一层，到了新的驻地，他又马上把毛主席像挂起来。

刘英俊这种对领袖出于内心的感情，深深地感动了周围的同志。

一天傍晚，刘英俊和副班长王春明一起散步谈心，当他们谈到当前世界人民革命斗争的胜利形势时，刘英俊兴奋地说：

“我小时候就爱唱‘天上有个北斗星，地上有个毛泽东’这支歌，不过真正懂得这句话，还是在这几年。”

当时，刘英俊指着明亮的北斗星说：“毛主席是中国人民的‘北斗星’，毛主席也是世界人民的‘北斗星’！”

班长听了很受感动，说：“你放心好了，我们一定不会忘！”

班长又问刘英俊还有什么事。刘英俊回答说：“没有别的，我就这一件心事。”

义务宣传

刘英俊所在的三班，有两块毛主席语录板，都是刘英俊精心制作的。

为了让同志们时时、事事都按毛主席的话办，刘英俊隔几天就换一条语录，每换一次，实际上就是抓了一次活思想。

有一天，新战士下班以后，刘英俊就和班长商量，要在语录板上端端正正地写上这样一条语录：

我们都是来自五湖四海，为了一个共同的革命目标，走到一起来了。

……一切革命队伍的人都要互相关心，互相

爱护，互相帮助。

晚上，刘英俊又把这条语录读给全班同志听。

有个战士，平时对新同志说话嗓门大，有时态度不太好。

这个战士看到这条语录以后，吃惊地说：“要不是读了这条语录，我还觉得自己不错呢！和毛主席的话一对照，才发现自己没有按照毛主席的话去做。”于是，这个战士主动找新同志交了心。

从此以后，全班同志都更加注意互相帮助，从生活上互相关心了。

刘英俊在部队的几年里，先后选写了毛主席有关为人民服务、人民战争、批评与自我批评、艰苦朴素、团结等语录一百多条，及时地帮助所在班解决了实际的思想问题，有力地促进了大家的团结、互助、友爱。

刘英俊不仅是毛主席语录的坚决执行者，也是毛主席语录的模范宣传员。

帮助他人

有个新战士，刚到部队就和刘英俊在一个班。

这个新战士到班里的第三天，刘英俊就找他谈心，并且拿出一本《毛泽东著作选读》，刘英俊热情地跟他说："咱俩一起学习好吗？"

新战士说自己不识字，刘英俊就说："不识字没关系，我念你听，以后再慢慢教你识字。"说着，他就拉着新战士并肩坐下，念了一篇《愚公移山》。

刘英俊念完后说："不识字是个困难，但只要按照毛主席的教导去办，有愚公移山的精神，

天大的困难也能战胜。”

从此以后，他们经常在一起学习毛主席著作。

刘英俊还特意送给新战士两本笔记本，上面写着“为人民服务”“将革命进行到底”12个大字，勉励新战士好好学习。

刘英俊还手把手、一笔一画地教新战士写字。

一天，这个新战士看别人写学习毛主席著作的心得，自己也想写，可是斗大的字也写不出几个，他心想没有文化真困难！

这时，刘英俊又找他一起学习《愚公移山》。

刘英俊严肃地对他说：“你的想法不对呀！不学习毛主席著作就要迷失方向！”

刘英俊还说：“革命是大家的事，有你一份，也有我一份，一个人不学习毛主席著作，就少一份革命的力量，这就不是一个人的事啦！”

刘英俊的话使这个新战士深受教育和感动，从此，他就努力学习起来。

刘英俊看见新战士积极学习毛主席著作，真是打心眼里高兴。

刘英俊不仅这样热心地帮助这个战士，也热心地帮助其他同志。

刘英俊把帮助别人学习毛主席著作，当作是自己最大的责任。

宣传文艺工作

刘英俊是连队里的军人委员会委员，在开展连队文化娱乐活动中，他非常自觉地执行决定。

1965年12月的一天，连长正在连部备课。刘英俊进来说：“连长，我想提一个建议，咱们连已经由分散执行任务变成集中学习了，在这种情况下，是不应该把文化娱乐活动开展起来？”

连长觉得这个建议很好，就说：“指导员他们都不在家，你多给出点主意吧！”

刘英俊说：“最好先把演唱组组织起来，然后请你给讲讲话。”

连长说：“我一不会演，二不会唱，你看我

讲什么好呀？”

刘英俊说：“我看要把毛主席《在延安文艺座谈会上的讲话》的内容给我们好好讲一讲，讲完了，我们再专门学一学，好明确方向啊。”

一提到毛主席的《在延安文艺座谈会上的讲话》，刘英俊的话匣子就打开了。他滔滔不绝地对连长说：“咱们连在活学活用毛主席著作中，涌现出的好人好事特别多，演唱组当前的任务，就是要歌颂这些好人好事……”

刘英俊想到的问题，提出的问题，深深地启发了连长，连长觉得刘英俊有坚定正确的方向，于是，连长就提出，让刘英俊当演唱组组长。

刘英俊非常谦虚地说：“组长让别人当吧，到时候我出出主意就行了。”

根据刘英俊的建议，大家选举了组长。

从这些可以看到，刘英俊积极要求开展文娱活动的目的只有一个，那就是：坚定不移地为提高部队的战斗力服务。

演唱组组织起来以后，根据刘英俊的建议，给大家讲了《在延安文艺座谈会上的讲话》的精

神，希望大家坚决按照毛主席的指示办事，演唱组方向对，情绪高，不久，连队就排出了一套思想内容很好的节目。

几个月的时间里，演唱组紧密配合教育，结合宣扬好人好事，编写排演了《越南英雄打得好》《学习的好模范》等十多个节目，每次演出都很受连队干部战士的欢迎。

这些节目当中，有许多都是刘英俊亲自创作、改编或帮助修改的。

刘英俊每搞一个节目都要学习毛主席著作，他最爱学习的就是《在延安文艺座谈会上的讲话》。

从刘英俊的建议中，能感到他对毛主席的话领会很深。

刘英俊的建议，完全是按照“讲话”精神提出来的，他的行动，是完全符合“讲话”精神的。

因为刘英俊的建议，部队的文艺工作做了改进，连队的演唱活动执行了毛主席的文艺路线，为党的文艺建设发挥了作用。

制作幻灯

刘英俊负责在部队做幻灯工作，他在工作中有明确的目标。他经常说："咱们一定要紧跟形势，跟不上形势，就不能发挥幻灯的战斗作用了。"

刘英俊心里装着"形势"，对可以绘制幻灯片的素材特别敏感。

每天报纸一来，刘英俊总是第一个到连部取来阅读，发现能画的题材，他就及时抄下来。

报纸上，凡是刊登毛主席支持世界各国人民革命斗争的声明，国际上反帝反修斗争的新发展，越南人民反美斗争的新胜利，全国全军出现的新典型人物，等等，刘英俊都抓紧一切空隙时间赶制成幻灯片。

当指导员让刘英俊编制一部幻灯片时，他能马上拿出早已制作好的幻灯片，来请连首长审查。

刘英俊绘制的王杰、麦贤得、焦裕禄等同志先进事迹幻灯片，几乎都是在连队开展学习活动以前就画好的。

刘英俊在制作幻灯工作中，始终贯穿着一条红线，就是宣传毛泽东思想。他非常重视认真学习毛主席著作的宣传。

刘英俊绘制的幻灯片《雷锋》，突出地宣传雷锋同志刻苦学习毛主席著作的事迹。

刘英俊画的幻灯片《刘祥君和侯有新“一对红”的故事》，也是宣传他们认真学习毛主席著作的事迹。

刘英俊在制作每一部幻灯片之前，都要认真地学习毛主席的有关著作，先武装自己的头脑。即使是在任务重、时间紧的情况下也不例外。

刘英俊常说：“教育者要先受教育，宣传员

要先受宣传，只有我们领会好毛泽东思想，才能宣传好毛泽东思想。”

1965年下半年，部队进行社会主义教育，刘英俊首先学习毛主席的有关论述，提高自己的思想认识和觉悟，最后，他把部队学习的几条语录一一编入了幻灯解说词里。

有的时候，部队选用现成的幻灯材料，刘英俊也要精选几条毛主席语录，编在解说词里，同时，在开头和结尾的地方，也都引用一段毛主席的话。

刘英俊常说：要让同志们随时随地听到毛主席的话。

许多同志都说：我们通过看幻灯，受到了毛泽东思想的教育。

刘英俊制作幻灯，表现了高度的责任心，克服了一个又一个困难。

开始，部队没有幻灯设备，刘英俊就和几个文娱骨干，用一些废旧器材，今天敲敲，明天砸砸，前后花了几个月的业余时间，制成了一架幻灯机。

驻地买不到聚光镜，刘英俊四处写信，请亲友帮助购买。

做幻灯片需要硬纸框，刘英俊和骨干们到处搜集硬纸把它剪贴起来。

为了把幻灯片画好，刘英俊多次向团里放映员学习，为了让大家及时受到教育，他经常早起晚睡，废寝忘食地画。

报纸上发表王杰的事迹后，刘英俊拿着报纸激动地说："这是我们时代的又一个雷锋，是毛主席的好战士，咱们要向王杰同志学习，也要通过幻灯片，让全连同志都向他学习。"

一次，已是深夜12点了，刘英俊还趴在小桌上画宣传王杰的幻灯片。带哨的二班副班长关心地说："快休息吧，天亮前还有你一班岗呢！"刘英俊却说："明天晚上就要放这部幻灯片，今晚不赶出来，明天同志们就看不上了。"

就这样，从1965年3月到1966年3月，刘英俊先后绘制了23部幻灯片。

刘英俊的连队分散在六七处执行勤务，刘英俊为了让连队每个同志都看到幻灯片，受到教育，他经常不辞劳苦地背着幻灯机，一个点一个点地巡回放映。有个生产组只有三个人，又离连队二十多里远，刘英俊不辞辛苦地，专门前去放映。

刘英俊说："我们是宣传毛泽东思想的，多一个人看，就多一个人受毛泽东思想的教育。"

向雷锋学习

1964年6月的一天，刘英俊所在班帮助公社在高粱地里锄草，大家和社员在一块地里干活，你追我赶，热气腾腾。

刘英俊扬起锄头，下得准，锄得净，一袋烟的工夫，就锄到了地头，他转身又去帮助别人。

社员们看他干的活计，满口称赞说：“这小伙子干活真虎势！”“行，看样子也是庄稼人出身。”

大家正在议论的时候，记工员小张发现刘英俊的锄杠上刻着毛主席的题词：“向雷锋同志学习！”背面还刻上了“革命自有后来人”。

这个发现，很快就被传开了。

休息的时候，大伙儿围上来看这把锄头。有个社员恍然大悟地说：“怪不得刘英俊干得这么欢呢！原来这锄杠上刻着毛主席的题词呢。”

这句话说对了。刘英俊在刻这七个字的时候，就对同班的同志说道：“想起毛主席的号召，浑身就有使不完的劲！”

火车头

在炮兵集训队里，同志们都管刘英俊叫“火车头”。

1964年10月，部队到农场帮着抢收黄豆，刘英俊听了动员报告后，马上动手修理扁担、夹子，他怕自己的扁担经不住压，又在上面绑了一根板条，做好了苦干的准备。

抢收当中，刘英俊把豆子装得满满的，挑起来像两座小山，跑起来比谁都快。

有的同志说：“刘英俊像个火车头！”从此，“火车头”的名字就被同志们传开了。

一天，午饭后，同志们正在地头休息，刘英

俊从兜里掏出《毛泽东著作选读》，聚精会神地读了起来。

大家看刘英俊累得浑身是汗，就说："你休息一会儿，回去再读吧！"

刘英俊说："正因为累，才有必要从毛主席著作中汲取力量呢！不然就没劲了。"

听了刘英俊的话，同志们很受感动。原来，他干劲这么足，正是从毛主席著作中汲取的力量啊！

鼓励战友

有一年年初，一个战士从学空勤改为学地勤，正当思想斗争激烈的时候，他忽然接到一封来信，打开一看，是刘英俊写来的。

这个战士和刘英俊的家虽然住在一个区里，但是，他们并不认识，刘英俊是从同学的信中知道了情况，就主动来信鼓励战士认真学习毛主席著作，服从党的分配，当一个五好战士。

很巧，春节这个战士回家探亲时，听说刘英俊也回到长春了，就去刘英俊家找他，不巧，刘英俊出去了。

这个战士对刘英俊的妈妈说："英俊刚回

来，也不在家休息休息。”

刘妈妈说：“英俊这孩子，回来这两天，不是到这个战友家去看看，就是找那个同学谈谈，晚上回来还帮助我学习毛主席著作，就是白天在家待一会儿，也是帮助邻居挑水、扫院子，从来不闲着，部队可真锻炼人哪！”

听了刘妈妈的话，这个战士心里一阵阵惭愧：刘英俊处处听毛主席的话，真是自己学习的榜样，想到这，这个战士更迫不及待地想见到刘英俊了。

正当这个战士焦急地等待的时候，刘英俊回来了。他满面红光，身材魁梧，一见到这个战士就热情地说：“你好！”接着就问什么时候入伍的，毛主席著作学习得怎么样等。

这个战士谈了情况后，刘英俊就谈起学习《为人民服务》和《纪念白求恩》的问题，鼓励这个战士向张思德和白求恩学习。

刘英俊说：“当飞行员和机械员这是分工不同，只要有一颗全心全意为人民服务的红心，不论干什么都是光荣的，如果有私心，就是当了飞

行员，也不能很好地为人民服务。”

刘英俊还说：“毛主席在《纪念白求恩》一文中指出‘我们大家要学习他毫无自私自利之心的精神。从这点出发，就可以变为有利于人民的人’。”

听了刘英俊的这些话，这个战士的心里亮堂多了。他们越谈越对劲，越说越亲近，一直谈到下午3点多钟。

虽然这个战士和刘英俊只见过一次面，但是，刘英俊对同志极其负责的精神，却是令他永生难忘的。

休养期间

有一年的春天，部队的一位战士转到陆军某医院，当时已经是晚上8点来钟了，他刚进病室，就有一位同志热情地帮他提包袱、铺被子。

接着，这位同志又把洗脸水、开水端到这个战士面前。战士洗了脚，这位同志又抢着去倒洗脚水。

这个战士说："这位护士服务态度可真好！"旁边一位同志却说："他不是护士，是休养员。"他，就是刘英俊。

在一起休养的日子里，刘英俊经常帮助这个战士学习毛主席著作，解决思想问题。

一天下午，刘英俊发现这个战士对治好病的信心不足，就找他谈心。刘英俊说道：“毛主席教导我们：在战略上要藐视敌人，在战术上要重视敌人。我们对待疾病，也和作战一样，首先要在思想上压倒它。除了药物治疗以外，还要发挥自己的主观能动性，积极配合治疗。只有这样，才能战胜疾病啊！”

接着，刘英俊又讲了其他同志以顽强的毅力和伤病做斗争的故事，这使这位战士放下了思想包袱，鼓起了勇气。

刘英俊每次和这个战友谈心，总是以毛泽东思想来启发。“毛主席不是说过吗”，是他的口头语。

刘英俊出院后，还写过几封信，鼓励这个战士要好好学习毛主席著作。

在一封信中，刘英俊写道：“……在医院是个学习的好机会，要抓紧一切时间，好好学习毛主席著作……身体有了病不要紧，可千万别让思想生病。愿你身体健康，思想更健康。”

这个战士出院归队后，刘英俊也给他写过

信。他在信中说："……病好了，可千万要记住，是党和人民给你治好了病，以后要更好地学习毛主席著作，改造自己的世界观，更好地工作，以优异的成绩向党和人民汇报。"

这就是刘英俊对战友无私的鼓励。

要思想过硬

刘英俊对事业极端负责，对同志、对人民极端热忱，他处处关心工作，仿佛每一件事都与他有关。

1965年“八一”建军节，部队医院的球队和佳木斯市青年篮球队比赛输了，大家好多天心情都不舒畅。医院球队的队员心想：咱们和青年队的实力差不多，结果却输了，多不应该！

正在这时，球队忽然收到了一封来信，上面写道：“你们那次赛球输了，不是技术不过硬，而是思想不过硬，缺乏雷厉风行的作风，希望你们分析原因，坚定信心，赶上去！”

信上还热情坦率地指出："要打好球，必须首先学好毛主席著作，树立为革命打球的思想。"

队员们读了这封信，十分感动，都说：这信写得太好了！句句话打中了我们的要害，我们很想知道这信是谁写的，可是信上却没有署名。

不久，医院来了一位休养员。一天，他帮着擦玻璃窗，他忽然问队员："'八一'那天赛球，你觉得打得怎么样？"

队员一时很诧异，问："你那天也去看啦？"休养员笑笑说："看了，直到看完才回去的呢。"

队员说："那么，你说说我们那天究竟打得怎么样？"

休养员一阵沉思后，回答说："按实力，你们应该赢的，你们输就输在思想不过硬上。"

之后，这个休养员又耐心地帮助分析了思想不过硬的具体表现和原因。

队员听着听着，心里豁然明白了，原来那封信就是这个休养员同志写来的！这个休养员就是

刘英俊。

刘英俊出院后，仍然为球队操心。

这年的10月9日，刘英俊在给球队队员的信中，再次谈到如何打球的事。

刘英俊在信中说："一个球队的思想是否统一，关系到胜与败，首先要靠思想，懂得为什么要打球，再加上技术锻炼，才能打好球。"

刘英俊就是这样，关心球队的成长和进步。他的言行，充分证明了他不仅是毛泽东思想的模范执行者，而且是热情宣传者。

刘英俊处处强调人的因素第一，不愧为毛泽东思想哺育出来的优秀的共产主义战士。

鼓舞亲人

刘英俊不仅关心鼓励身边的战友、同事，也经常给亲朋好友写信，鼓励他们。

在通信中，刘英俊那无限热爱党、热爱伟大领袖毛主席的红心，和一心一意为人民服务的革命精神，经常激励着亲人们。

刘英俊每次写信，都颂扬伟大的领袖毛主席。他说："毛主席是我们穷人的大恩人、大救星，是中国人民和世界人民的伟大革命导师。"

刘英俊叫家里不要乱贴画片，要挂毛主席的像，天天看到毛主席。

1965年7月，刘英俊把印有"一颗红心献给祖国”的照片寄给亲友，并附信说：“一个青年，任何时候都要把红心献给伟大的党和领袖。”

刘英俊还经常教育亲人读毛主席的书，听毛主席的话，毛主席怎么说的就怎么做。

亲人们识字少，学习有困难，刘英俊就叫他们进夜校，一边学毛主席著作，一边学文化。刘英俊说：“毛主席的书就是为咱穷人写的，只要愿意学，就能学得好。”

刘英俊非常痛恨旧社会、旧制度，无比热爱新社会、新制度。

一次，刘英俊在给家人的信中写道：“在旧社会，父母因为无法生活，才跑到东北。在东北二位老人没处落脚，只好住在一个破砖窑里，受尽了反动派和资本家的残酷剥削，日夜劳动还不得温饱，险些送了命。是共产党、毛主席领导我们翻了身，我们才过上了幸福生活。”

刘英俊教育家里，人不忘阶级苦，牢记血泪仇，要拥护党，热爱毛主席，热爱社会主义制度。

1963年，家里有个亲戚不安心农业生产，想出去工作，刘英俊知道后，写了一封信，第一段就是毛主席语录："一切可以到农村去工作的这样的知识分子，应该高兴地到那里去，农村是一个广阔的天地，在那里是可以大有作为的。"他教育这个亲戚要安心农业生产。

刘英俊在信上还说："干什么都是工作，在哪里都是工作，离开了它，干什么都没有意义了，一个青年应该党叫干啥就干啥，这是一个好青年的起码条件。"

信中，刘英俊引用毛主席的教导："我们的同志，在困难的时候要看到成绩，要看到光明，要提高我们的勇气。"

1964年，刘英俊的家乡遇到了特大水灾，刘英俊知道以后，就用毛主席的话来教育鼓励家乡的亲人。

刘英俊的信鼓舞了家乡的亲人，使他们树立了战胜困难的信心和勇气，家乡的亲人在党和政府的领导帮助下，依靠集体的力量，全村人民齐心协力，战胜了水灾。

洪水过后，刘英俊的家乡又组织民兵积极学习

毛主席著作，抓紧时间练武。

刘英俊听说后，又写信鼓励大家。他指出：这是毛主席的指示，要打败美帝国主义，解放全世界人民，就是靠人民战争，就要把民兵组织好，训练好。

刘英俊还提出要求，要大家好好学习毛主席的书，用毛主席的书武装头脑。

在刘英俊的鼓励下，民兵们一起学习了毛主席有关人民战争的论述和《人民战争胜利万岁》等文章，民兵的精神面貌焕然一新，工作更加踏实了。

坚定信念

刘英俊参加人民解放军后，他的家乡连续几年，遭受了严重的旱、涝灾害。

在这个时候，地富反坏趁机进行捣乱活动，他们妄想搞垮人民公社，斗争十分激烈。

当时村里的乡亲们，对这种形势认识不清。

刘英俊知道了这事，立即给乡亲们寄来了一封信，严肃地指出，大家有这种思想是很不应该的。

刘英俊在信中写道：“我们在旧社会所受的压迫、苦难能够忘掉吗？希望你们好好读读毛主席的书，尤其是好好学习毛主席的教导，找出方

向来，站稳立场，坚定信心，将革命进行到底。今后，在革命道路上还会遇到更多的困难，怎么办呢？唯一的办法：读毛主席的书，听毛主席的话，照毛主席的指示办事。”

刘英俊的话，引起了乡亲们的深思，大家把在旧社会过的苦难生活，和在党和毛主席领导下的幸福生活作了对比，感到自己的思想非常不对，现在遇到这么点困难就不想干了，难道再叫敌人上台来统治我们吗？

这时，公社党委组织参观了县委举办的教育展览馆。国民党反动派屠杀人民的残忍景象、地主阶级残酷压迫剥削劳动人民的情形，加深了乡亲们对敌人的仇恨。被打倒的地主富农，破坏集体经济，他们的阴谋诡计，更引起了大家的警惕。

看到刘英俊的来信，按照刘英俊的建议，乡亲们反复学习了毛主席《中国社会各阶级的分析》《怎样分析农村阶级》等文章，明确了哪些人是我们的朋友，哪些人是我们的敌人，检查了自己对待革命的态度。

通过学习，乡亲们的头脑清醒了，方向明确了，思想也更加坚定了。

在党支部的领导下，村里组织党团员、干部和民兵积极分子，学习毛主席著作，武装了头脑，紧紧地依靠贫下中农，同地富分子展开了斗争，打击了他们的嚣张气焰，大大地鼓舞了群众，坚定了搞好集体生产的信心。

在刘英俊的鼓励下，乡亲们由于坚持学习毛主席著作，广大社员的精神面貌大大改观，粮食产量年年上升。

刘英俊家乡的乡亲们，也像他那样无限热爱党、热爱毛主席，认真学习毛主席著作，在改造世界观上狠下功夫，为建设社会主义的新农村贡献力量。

帮助他人学习

刘英俊是班里学习毛主席著作的小组长，他把帮助别人学习毛主席著作，当作自己最大的革命责任。他常说：“多一个人学习毛主席著作，就多一份革命的力量。”

新战士下班，刘英俊第一个领他们一起学习毛主席语录。

刘妈妈到部队来看刘英俊，带来几本笔记本，他一本一本地分给班里同志，让大家记下学习毛主席著作的心得。

即使生病入院休养，或者单独外出执勤的时候，刘英俊也时刻关心着班里的毛主席著作学

习。

1965年秋天，刘英俊在医院休养。一天，听说医院里代售《毛泽东著作选读》，他高兴极了，心里想：连里很多同志天天盼着要买毛主席著作，平时，这里写信，那里托人，还买不到，这下可好了。

星期天，刘英俊兴冲冲地回到连里，把这个好消息告诉了大家。

刘英俊一个班一个班地统计好数字，刚要回医院，忽然想起副指导员也曾说过要买毛主席著作，于是，他又特地跑到副指导员家里，问清以后，才赶回医院。

又一个星期天，刘英俊带着给同志们代买的一大包《毛泽东著作选读》，他高高兴兴地回到了连队，把毛主席的书，一一送到同志们手里。

同志们捧着毛主席的书，都高兴得跳了起来。

大家都感谢刘英俊说："刘英俊，你真关心我们啊！我们一定好好学习毛主席著作，听毛主席的话，做毛主席的好战士。"

学习白求恩

一个风雪交加的夜晚，卫生员熊志毅带哨巡逻，路过二班房前，见屋里的电灯还亮着，他知道刘英俊站的是上一班哨，心想：他在擦枪？不会，擦枪用不了这么长时间，天这么冷，刘英俊的关节炎又发作了？熊志毅想着，轻轻地推开房门，只见灯光射向床铺的一面，罩了一张报纸，刘英俊正坐在灯下看书呢。

熊志毅悄悄地来到刘英俊身边，见他正在学习《纪念白求恩》。

“你怎么还不睡呀，天太晚啦，别学了。”熊志毅说。

“不行呀！不学毛主席著作，就会迷失方向的。”

刘英俊一见熊志毅呆呆地看着自己，知道他不了解这次学习的起因，就接着说：“我到马房去放哨，一上哨，就发现马房窗上有个窟窿，直到快下哨的时候，看见风雪老往里灌，才想到找块板子给钉上。”

“钉上了不就很好吗？”熊志毅说。

“不能这样说，这个破洞我早就发现了，为什么不立即去堵上呢？我要以毛主席著作为武器，找找自己思想上的原因。”

刘英俊停了一会儿接着说：“毛主席不是说过吗，‘白求恩同志毫不利己专门利人的精神，表现在他对工作的极端的负责任’，我没有及时地堵上这个洞，不正是缺乏这种极端负责的精神吗？”

最后，刘英俊恳切地说：“卫生员，你是老同志，又是共产党员，觉悟比我高，你要多帮助我呀！”

熊志毅听到这里深受感动，他想：一个不大

引人注意的小窟窿，刘英俊注意了，而且那样认真对待。

刘英俊重视马房窗上的小窟窿，更重视自己思想上的小窟窿，尽管它很小很小，也立即动手堵上，不留一点儿空隙。

发扬愚公移山的精神

刘英俊所在的三班的宿舍，地面平坦，墙壁洁白，空气流通，光线充足，这间房子原来很破旧，是1964年重修的。

当初，一排到这里执勤，三班和一班住在一个屋里，人多炕小，十分拥挤，连里要三班把隔壁一间房子整修整修，搬进去住。

这间房子原来是伙房，墙壁被熏得黑漆一片，后来又在里边养过猪，弄得非常肮脏，再加上长年失修，墙壁裂缝，房顶漏雨。

同志们都说："这房子要是修起来，装个马具啥的还差不多。"副班长李尚友看大家都缺乏信心，就问刘英俊："你看呢？"

"够呛。"刘英俊随口答了一句，转身就出去了。

李尚友心想：刘英俊是班里的老同志，他思想不通，事情就难办了，于是，他决定找刘英俊好好谈谈。

李尚友走到外面，只见刘英俊正坐在一个废井圈边看书，近前一看，原来他在学习《愚公移山》。

刘英俊见李尚友来了，站起身说："副班长，刚才我那想法错了，我们不能见到困难就后退。"

"那怎么办呢？"李尚友征求他的意见。

刘英俊回答说："我们修那房子是有困难，毛主席不是说过吗，'越是困难的地方越是要去，这才是好同志。'我看，咱先别忙着干活，先把思想工作做好，组织大家带着问题学学《愚公移山》吧。"

李尚友听了这话，非常高兴，当晚全班学习了毛主席著作，大家提高了认识，都一致认为，要按照毛主席的教导去克服困难，把房子修好。

第二天开始修房子，刘英俊扒锅台，糊顶棚，挖砖铺地，净抢脏活累活干。

几天工夫，房子修起来了，刘英俊又去捡了些人家扔掉的石灰疙瘩，用水泡开，拿来刷墙，手上烧起了水泡，他也不在乎。

墙壁粉刷得雪白雪白，刘英俊又在正面墙上画了一个“学习毛主席著作专栏”，中间挂上毛主席像。

这个专栏登的第一批稿件，就是他们这次修房子过程中，带着问题学习毛主席著作的心得体会。

集 训

1964年8月的一天下午，炮兵集训队的同志们，这一堆儿，那一堆儿，热烈地谈论着“一对红”计划。突然，刘英俊和同来的一个班长这一对争论起来了。

班长知道，刘英俊入学以前是驭手，军事技术基础比较差，因此提出要他抓紧星期天复习军事课目。

刘英俊认为：我来集训，星期天，要学习毛主席著作，还要做群众工作，我要边学军事，边学习毛主席著作。

于是，刘英俊说：“不学毛主席著作，觉悟

就不能提高，就不懂得为谁而练，为啥而练，练兵的劲头就不能始终高涨，到关键的时候就过不了硬！”

班长听了，又说：“集训课目排得很紧，你跟不上趟，还是利用星期天补补课吧！”

刘英俊说：“我相信，只要我们把学习毛主席著作放在首位，脑子里有了毛泽东思想，军事技术是完全可以学好的。”

“你敢保证？”班长问他。

“敢。”刘英俊坚定地回答。

“学习毛主席著作有‘天天读’的时间嘛！”班长还说。

“光靠‘天天读’的时间是不够的，星期天还要很好利用，任何时候都应该把学习毛主席著作放在首位。”刘英俊坚持自己的意见。

就这样，两个人争了一个多小时。

第二天晚上，刘英俊主动找班长谈心，他诚恳地说：“这次集训对我来讲，困难是很多的，你应该多从思想上帮助我，增加我克服困难的信心，我提出抓紧星期天学习毛主席著作，也正是

为了这个目的。”班长听了很受感动。

到集训结束时，刘英俊的思想觉悟有了新的提高，军事技术也取得了优良成绩。

加强实践

一天上午，天空阴沉沉的，眼看又要下大雪了，部队刚吃过早饭，刘英俊找到卫生员王庚余说："这两天，我的腿又疼了，请你帮我看看。"

卫生员知道刘英俊有关节炎，遇到阴天就犯，就说："我介绍你到卫生队去看看吧。"

刘英俊摇摇头说："不用到卫生队去了，我听说，用针灸治关节炎有效，你给我扎一针试试看。"

卫生员暗想：针灸，我只在课堂上学过，可从来没扎过，尤其是针灸关节炎，更没把握。

卫生员为难地说：“我一次没动手扎过，恐怕扎不好。”

刘英俊说：“那怕啥，多扎几次，慢慢就好了。”

刘英俊见卫生员还有些犹豫，进一步动员他说：“你在课堂上学过，有了一定的知识基础，就应该在实践中大胆地运用。毛主席不是说过吗，‘读书是学习，使用也是学习，而且是更重要的学习。’卫生员，你要边干边学，在实践中锻炼，这是更重要的学习啊！”

卫生员想想刘英俊说得很对，可是又担心第一针扎不好，增加他的痛苦。

刘英俊毫不在乎地说：“不要顾虑我个人，卫生员，你今天就在我身上扎第一针吧，要是今天不敢扎，明天不敢扎，那就永远也不敢扎，永远也不会扎了。”

在刘英俊的鼓励下，卫生员终于鼓起了勇气，扎下了第一针。

从那以后，卫生员在实践中重视运用书本上学到的理论知识，不断总结经验，逐步地掌握了

针灸的手法和穴位。

卫生员激动地说："刘英俊，你用毛主席《实践论》的观点给我指了路，要不，我哪能学会这两下子。"

刘英俊说："以后，你要加强实践。"

学会自我批评

1965年7月，一天下午，一名老战士（副班长）当着全班同志的面，批评新战士有家庭观念。

这个老战士是个直性子，肚里装不住半句话；新战士自尊心强，一时有些接受不了。

于是，他俩你一言，我一语，争了起来。要不是吹了开饭号，他俩还不知道要争论到啥时候。

吃过晚饭，老战士正在班里忙着，新战士从外面进来，走到他面前说：“副班长，刚才我错了，我向你检讨……”老战士听了，觉得他态度诚恳，又很深刻，心里很受感动，可是却不知道他为啥转变得这么快。

老战士和新战士仔细一谈，老战士这才明白，原来，散会后，刘英俊把新战士叫到一边，和他一起学习了毛主席《为人民服务》一文中有关对待批评问题的教导。

刘英俊对新战士说："毛主席不是说过吗，'因为我们是为人民服务的，所以，我们如果有缺点，就不怕别人批评指出。'"

在刘英俊的帮助鼓励下，新战士主动来向老战士作检讨。

这件事结束以后，刘英俊却在观察着副班长，在第二天晚上，刘英俊就主动找副班长谈心了。

刘英俊首先肯定副班长对新战士的批评是应该的，接着他又说："他到部队不久，有点想家，这是难免的，咱们帮人要帮心，帮助新战友，要注意方式，可以先个别谈谈嘛，不要当着大家的面批评他。再说，你是副班长，更应该注意批评的方式。"

副班长听刘英俊说得句句在理，从心里信服，他问刘英俊：“那你说我该怎么办？”

刘英俊说：“很简单，按照毛主席的教导，进行自我批评。”

副班长点点头，说了声“好”，转身就走。

来到班里，副班长对新战士说：“走，咱俩出去转转，我也得好好地向你检讨检讨。”

学得实在

伏天的雨水，催得秧苗拔节猛长，几天工夫，地里已经是一片葱茏翠绿。

三班单独在外执行生产任务，当时活多人少，眼看地里的豆角和黄瓜蔓子爬得老长，都来不及搭瓜架。

一天中午，同志们都睡着了，刘英俊招呼新战士段天安说："走，咱们上山去割点柳条，回来搭瓜架。"段天安说了一声"好啊"，跟着他出了门。

伏天的太阳，烤得人身上直淌汗，他俩翻山过岗，东奔西找，好不容易每人砍了两捆柳条，

他们衣服全湿透了。

回来后，他俩顾不得休息，又用树条给豆角、黄瓜搭了架子。

这时，同志们午睡还没有起床，刘英俊进屋拿来一本《毛泽东著作选读》，把段天安叫到墙根阴凉地方坐下，兴致勃勃地对段天安说："来，咱们干完活再学一篇毛主席著作，心里会感到格外舒畅。"

刘英俊翻开《愚公移山》，一字一句地读着，他一边读一边还对段天安说："毛主席不是说要我们排除万难，去争取胜利吗？眼下农活忙，人手紧，困难摆在我们面前，刚才咱俩就是在和困难斗，瓜架搭起来了，这不就是胜利了吗？"

段天安听得连连点头说："刘英俊，你说得对，咱们今后就要这样，这样才学得实在。"

提高自觉性

1964年，三班单独在外执勤，六七月间，正副班长先后调去集训了，连里指定刘英俊负责领导班里的工作。

那几天，接连下雨，做饭的柴火烧完了，有的新同志便主张上山砍点树枝烧。

刘英俊心想，我们应当爱护国家的财产，不能随便砍树木，一个革命战士，领导在的时候要遵守纪律，领导不在的时候更要自觉地遵守纪律。

于是，刘英俊对大家说："山上的树木是国家的财产，咱们不能去砍。"

“那没有柴烧怎么办呢？”大家都眼巴巴地望着刘英俊。

“我去想办法。”刘英俊说罢，拿起镰刀出门去了，不多久，他背回一捆蒿秆。

有的同志一看，就说：“这玩意儿，青枝绿叶的可咋烧啊？！”

还有的说：“砍一点树枝吧。”

刘英俊还是不同意，他觉得这里有实际问题，也有认识问题，应该先从解决认识问题入手。

于是，刘英俊便组织大家学习了《中国人民解放军总部关于重行颁布三大纪律八项注意的训令》。

同志们对照毛主席的教导，纷纷检查自己：强调了客观困难，没有把人民利益摆在前头，遵守纪律的高度自觉性还不够。

第二天，刘英俊向驻地公社汇报了烧柴困难的问题，经公社领导批准，他们到山上砍了一些树根，和蒿秆搭配着烧。

烧柴的困难解决了，同志们的认识也提高了。

不怕困难

有一次，刘英俊所在的连队在执行生产任务，新战士李功奇第一次拿起锄头学锄地，一把锄头，掂在手里咋拿都不顺手，他咬着牙，一个劲地猛干，结果手磨起了泡，可还是落在别人后面。

一天上午，同志们都锄完一垄到地头了，刘英俊发现李功奇才锄了半垄，就迎头往回锄去。刘英俊和他碰头后，坐在一起休息。

刘英俊拉过李功奇的手一看，手上起了好几个血泡，就关切地问这问那，并对他说："你过去没锄过地，手皮嫩，难免起泡，不要怕，磨炼

磨炼就好了。”李功奇没说话。

刘英俊又鼓励他说：“你听过咱们团战斗英雄许家朋的故事吗？在朝鲜战场上，有一次战斗，许家朋身负重伤，还坚持爬到敌人碉堡跟前，用自己的胸膛堵住了敌人的枪眼，保证了战斗的胜利。”

刘英俊又接着说：“英雄们能不怕牺牲，消灭一切敌人，我们就要向英雄学习，不怕困难，铲除一切杂草。”

停了一会，刘英俊又说：“毛主席不是说过吗，‘下定决心，不怕牺牲，排除万难，去争取胜利’。”

李功奇听着听着，感到心里热乎乎的，他充满信心地说：“我一定听毛主席的话，一定向英雄学习。”

从这以后，刘英俊就经常和李功奇在一块锄地，给他讲老愚公、雷锋和许家朋的故事，把着手教他怎样下锄，怎样起步，一遍、两遍不厌其烦。

半个多月以后，李功奇成了全连数一数二的

锄地能手，他激动地对同志们说：“练锄先要练思想，我永远忘不了，是刘英俊帮助我学习毛主席著作，用毛泽东思想武装了我的头脑。”

一心为公

在炮连宿舍的走廊里，挂着一只绿色的信箱，每当同志们来寄信的时候，自然地要想起这只信箱的来历。

过去，连里没有信箱，同志们写了信，就三三两两地放在连部桌子上、窗台上，刘英俊看在眼里，记在心上。

于是，刘英俊就找来几块木板，利用休息时间，做了一个小信箱，还在上面涂上了绿颜色，写了红红的两个大字——信箱。

从此，谁要是写了信，往里一投，到时候由通信员一起送走，同志们连声称好。

1965年秋天，二班单独在外执勤，天气渐渐冷了，屋里要砌一个取暖的火炉。

可是，地方太小，砌不开，要修个火墙，又没有那么多材料。

怎么办呢？刘英俊心里暗暗想着，他在驻地周围到处转，终于找到一个破铅桶，刘英俊就和副班长王春明等同志一起，敲敲打打，装上炉条，做成了一个小火炉，经过试烧，很管用。

取暖的难题，就这么一文不花地解决了。

第二年的2月，班里补充了一匹马，马嚼子不够用了。

刘英俊遵照毛主席勤俭节约的教导，找出几副已经报废的马嚼子，从这一副上拆下一截皮子，从那一副上解下几个铁环，七拼八凑，做成了一副马嚼子。

刘英俊做了大量的好事：在操场，在课堂，在炊事房，在俱乐部，在连队的每个角落里，到处都有他做好事的痕迹。

刘英俊把做好事当作实践，他通过实践来锻炼、改造自己。

他那种热爱集体、事事为公的精神，深深地教育了全连同志。

勤俭节约

一天早上，二班的战士们一起床，就发现大门外面放着好大一堆筛好的煤核，战士们猜想是谁筛的呢？

副班长王春明暗自考虑，昨晚睡觉前还没有这堆煤核，肯定是谁在夜里筛的，于是，他就挨个地问晚上站哨的同志。

结果，站最后一班哨的有线班战士田朝祥说：“那是刘英俊筛的。”

原来，昨天下午，副班长王春明传达了连里的指示，为了节约烤火用煤，要各班筛一些钢厂废弃的煤核。

这天早上，刘英俊4点钟下哨，他想，离起床还有一点时间，趁现在这空子筛点煤核多好。

于是，刘英俊就一个人筛啊筛啊，煤核越筛越多，堆了一大堆。

眼看天亮了，战士们快起床了，刘英俊才放下筛子，悄悄地回到班里。

刘英俊没想到，这事被站哨的田朝祥，全都看在眼里了。

在刘英俊的带动下，战士们筛煤核的劲头都很大，营房门口堆起了好几大堆煤核。

刘英俊一有空就筛煤核，他经常对战士们说："多筛点煤核，就多省点煤，要使我国富强起来，就需要我们艰苦奋斗、勤俭节约。为国家节约，为支持社会主义建设贡献一切力量。"

带头苦干

1964年8月间，接连下了几天大雨，牡丹江江水暴涨，洪水冲击着江堤，威胁着牡丹江市人民生命财产的安全，全市人民和部队都投入到抗洪抢险的斗争中。

当时，炮训队的领导分配刘英俊帮助炊事员往工地送饭，这可把刘英俊急坏了：“为什么偏偏把我留下？”但他一想这是组织的决定，什么工作都重要，应该叫干啥就干啥，所以就愉快地服从了。

部队一到工地，刘英俊就主动到炊事房帮助做饭。

营房离修堤工地有十多里远，送饭的时候，刘英俊一人挑着两大桶饭，送到工地以后，趁着值日员在给战士们分菜时，他急忙跑到运土的人群中，帮着他们运土。

装满泥土的草袋子，有一百三四十斤重，刘英俊扛起就跑，一边扛，还一边鼓励大家："加油干呀！"战士们劝也劝不住他。

修堤的工人们看到这情景，精神更加振奋，高声喊道："向解放军学习，向解放军挑战，干呀！"整个工地更加热火朝天，挑的、拉的、扛的，来来往往，个个争先。

战士们吃饭的时候，刘英俊又给大家倒开水，他还拿起广播话筒，高声鼓励大家，排除万难，战胜洪水，争取胜利！

见活就干

在陆军某医院的内科病室里，传颂着一个“劳动休养员”的故事：

1965年秋天，刘英俊的神经性皮炎又犯了，不得不到医院去治疗。

刘英俊虽然是休养员，可从来不闲着，他一会儿给病员读报，一会儿写黑板报，一会儿又组织大家学习毛主席著作，要不就是帮助护理员扫厕所、擦地板，帮助休养员端饭菜、打开水，只要是他能干得了的事，都主动争着去做。

一天，刘英俊听说院部要派人去运过冬烧的煤，他就找到段医生说：“段医生，让我去运煤吧！”

段医生说：“你是休养员，怎么能去劳动啊？”

刘英俊说：“咋不能呢！我是皮肤病，手脚也用不着休养啊！”

“不行，你是休养员，就得老老实实休养。”段医生严肃地说。

刘英俊还是不甘心，吃过早饭，他又跑来找段医生，说啥也要去参加劳动。他说：“我劳动惯了，还是让我去吧。”

段医生见拗不过刘英俊，就说：“行，你先回去，我们考虑考虑再说。”

刘英俊一听“行”，乐得直跳，哪里管他什么考虑，上了汽车就跟着护理员们一起运煤去了，他又装又卸，干了一上午都不肯休息。

下午，往医务人员的家里送煤，刘英俊又参加了。

刘英俊推着独轮车，每车都装得堆起了尖，一家一家地送去。

汗水湿透了刘英俊的衣裳，直到晚上8点多

钟，所有医务人员家的煤都送到了，他才乐呵呵地回到病室。

护理员见刘英俊干了一天的活，回来情绪还这么高，又联想到他平时见活就干，一刻也不闲着，护理员不禁竖起大拇指，钦佩地说："刘英俊真是个'劳动休养员'啊！"

兄弟情谊

战士谷文学患了重病，烧得很厉害。他迷迷糊糊地睡了一会儿，醒来时，已是深夜12点了。

他睁眼一看，发现刘英俊还守候在自己床边，眼睛都熬红了，便感激地说："刘英俊，你快睡吧。"

"不，小谷，我睡不着。"刘英俊这一说，谷文学顿时眼圈湿润，不禁掉下了眼泪。

他翻过身来，一把抓住刘英俊的胳臂，使劲摇着说："刘英俊啊，刘英俊，你这样关心我，叫我怎能不想起我的童年哪。"

谷文学告诉刘英俊，解放前，爸爸死了，妈

妈带着他去要饭。

那年月，就是要饭也要不到啊，没法子，妈妈把他关在家里，一个人去挖野菜。他肚子饿了，哭着，喊着："妈妈，我要吃饭！"喊破了嗓子妈妈也听不见……

刘英俊难过地紧紧握着谷文学的双手，说："小谷，在旧社会哪有咱们穷人的活路呀，我父亲就是当劳工下关东的，咱们都是兄弟呀！"

刘英俊的声音有些哽咽了，他顿了一会儿，深情地说："小谷，一切革命队伍的人都要互相关心，互相爱护，互相帮助，咱们要好好团结，好好革命。"

谷文学点了点头说："你说得太好了，我一定记着，天不早啦，睡吧。"

在谷文学的再三劝说下，刘英俊只好睡了。

过了一会儿，谷文学又醒了，他感到有点头晕，想到外面去清凉清凉。

谷文学刚一下床，刘英俊就钻出被窝，过来扶他，刘英俊帮着谷文学穿好毛皮鞋，戴上棉帽，披上大衣，然后拿着板凳，把他背到院里。

谷文学呼吸了一阵新鲜空气，精神渐渐好了，不好意思地对刘英俊说：“眼看天都亮了，这一宿可真把你折腾苦啦。”

刘英俊回答说：“别这么说，咱们都是兄弟啊，小谷！”

谷文学一低头，猛然发现刘英俊还穿着单鞋，不禁“啊”了一声。

刘英俊拍拍他的肩膀说：“小谷，只要你身体好了，我心里就热乎乎的，身上也暖和和的。”

随时准备着

1964年冬天。一天中午，刘英俊和战友李尚友上街买东西，经过邮局，刘英俊进去买了一份新到的《人民日报》，他拿起一看，第一版上醒目的大字，登载着毛主席《支持刚果人民反对美国侵略的声明》。

刘英俊一口气读完了。他激动地说：“副班长，这可是一件大事！假如刚果人民需要的话，我第一个报名去支援。”

一路上，刘英俊和李尚友边走边谈，全部心思都集中在支持刚果人民斗争的问题上。

刘英俊回到营房，一进门就扬起手里的报

纸，大声对班里同志说："毛主席的重要声明！毛主席的重要声明！"他迫不及待地把毛主席的声明从头至尾给大家读了一遍。

晚饭后，刘英俊打开日记本，写下了自己的决心："我真想到刚果去，支持刚果兄弟，和刚果兄弟一起消灭侵略者，把美帝国主义赶出刚果。

这样的心情是每个战士所具备的，只要祖国一声号令，我们就出征。"

刘英俊写完日记，心潮起伏，又满怀激情地写了一首《毛主席声明照全球》的诗。

在这首诗的最后，刘英俊再一次表示了自己支持刚果人民反美斗争的坚强决心：

坚决响应毛主席的声明，
支持刚果人民的反美斗争。
让我们反美斗争的呼声，
汇成一股巨流。
让我们高呼：
美帝国主义从刚果滚出去，

坚决支持刚果人民的斗争！

刘英俊热情地歌颂了毛主席声明的巨大威力，充分表达了毛泽东的战士，时刻准备支持世界革命的宽阔胸怀。

夜间演习

1965年夏天，连队进行形势与任务的教育，同志们控诉了美帝国主义在越南犯下的滔天罪行。

那几天，刘英俊的心情万分激动，他向党支部递交决心书，表示随时准备响应祖国号召，援越抗美。

随后，刘英俊一有空隙，就拿起毛主席著作，读《丢掉幻想，准备斗争》和毛主席关于敌人磨刀，我们也要磨刀的教导。

刘英俊还写信告诉表姐，已经打消了请假探家的念头，他在信中说："美帝国主义疯狂地轰炸越南壮丽的河山，多少个爸爸、妈妈、兄弟、姐妹，无辜地躺在血泊里，世界上还有三分之二的人民没有解放，我怎么能回家呢？我不能回家！……”

一天，同志们正在睡梦中，突然响起急促的哨声，部队集合完毕，副指导员宣布发生了“敌情”。

当时，二班班长和副班长都在带哨，副指导员命令刘英俊指挥二班保卫仓库。

刘英俊喊了一声“同志们，跟我来”，就率领全班跑步进入阵地。

仓库的西北角上有条脏水沟，地形很好，既利于指挥，又便于消灭“敌人”。

刘英俊不顾一切地跳了进去，迅速做好射击准备，举枪监视前方。

一场夜间演习结束了，刘英俊两个裤腿上沾满了泥浆。

副指导员讲评的时候，表扬了刘英俊，说他敌情观念强，动作符合实战要求。

刘英俊认真地说：“毛主席不是说过吗，

‘敌人在磨刀，我们也要磨刀。磨刀，就要有个磨刀的样子！’”

苦练基本功

一个寒风呼啸的冬夜，战士们夜间训练回来，喝过热粥，一个个都睡觉了。

刘英俊和新战士李占华两人，一个拿镐，一个拿锹，又走了出去。

副班长李尚友不知道他们要干啥，等了一会儿不见回来，就去找他们。

夜，漆黑，呜呜的北风刮得脸生疼，寒风中，断断续续地传来刘英俊的声音："小李，你摸，这坑底，对，这里不圆……"

李尚友顺着声音找去，隐隐约约地看到两个人影，走近一看，刘英俊和李占华正趴在刚才挖

的座钣坑旁。

这时，刘英俊又拉着李占华的手说："夜间挖座钣坑不容易看清，就要靠手摸，你摸摸这里，坑底挖得不圆，钣筋沟也没有挖出来，这样座钣不稳，炮就打不准。"

停了一会儿，刘英俊又接着说："我们平时训练，就是为了作战时消灭敌人。"

说着，刘英俊举起镐来，刨了一阵，让李占华摸一摸，体会体会，然后，李占华又刨了一阵，让刘英俊给他作检查……

李尚友看到这里，满意地想道：刘英俊从实战出发，从难、从严帮助新战友，真是一名好战士。

校外辅导员

刘英俊在担任永安小学校外辅导员期间，学生房淑英当了少先队的中队长以后，工作中遇到了困难，思想上结了疙瘩。

一天，房淑英特地来找刘英俊谈心。

刘英俊见房淑英不像往日那样活泼，就主动地问她："小房，咋不高兴啦？"

"我不想干班级工作了。"房淑英撅着嘴说。

"为啥呀？"刘英俊又问。

房淑英生气地说："有的人当面顶我，有的人背后嘀嘀咕咕的，可'那个'啦！算了，这班级工作我才不高兴干呢。”

刘英俊听她一口气讲了这么多，没有说什么，他从床头柜里拿出一本《毛泽东著作选读》，问道：“小房，我们一起来学习毛主席著作好不好？”

房淑英一听刘英俊要和她学习毛主席著作，顿时活跃起来，说：“好！我们小朋友可爱听毛主席的话了！”

刘英俊翻开《愚公移山》这篇文章，一字一句地读着。

当刘英俊读到“下定决心，不怕牺牲，排除万难，去争取胜利”的时候，停下来对房淑英说：“小房，咱们两人都来想想，自己有没有被困难吓倒呀？”

房淑英不吱声了。她低下头，想着想着，思想上的疙瘩解开了，捏起小拳头对刘英俊说：“刘叔叔，我错了。”

刘英俊微笑着点点头说：“小房，你刚当中队长，工作不熟悉，困难一定很多，我们不能在困难面前打退堂鼓。有了问题，只要多和大伙商

量，同学们会支持你搞好工作的。”

房淑英回去以后，在班级干部会上，首先检讨了自己的畏难情绪，接着又向大家表示决心：一定紧紧地依靠群众，把班级工作搞好。

同学们听了很受感动，都说要支持她搞好工作。

这个班级，在老师的教导下，在房淑英的带领下，进步很快。这年学期结束，被评为永安小学的“优秀班”。

通过这件事，房淑英得到了一个很重要的启示，这就是有了问题向毛主席著作请教。

生动的一课

1963年6月30日，是个星期天，也是永安小学三年一班的校外辅导员刘英俊，第一次和小朋友们在一起活动。

这天，刘英俊带着二十多名同学，来到佳木斯市西林公园烈士纪念塔前。

刘英俊先给小朋友们念了一遍塔词，一字一句地讲解了塔词的意思。

然后，刘英俊又和大家围坐在一起，讲东北抗日游击队，在中国共产党的领导下，英勇抗战的故事。

小朋友们一个个扬起脖子，瞪着眼，静静地

听着。

他们一忽儿绷紧了脸，一忽儿咬牙切齿，一忽儿捏紧了小拳头，个个都被革命前辈英勇战斗的故事吸引住了。

当刘英俊讲到杨靖宇将军被鬼子包围，用最后一颗子弹，打进自己胸膛的时候，他激动地站起身来，高声对大家说道："小朋友们，革命前辈为了我们今天的幸福生活，献出了宝贵的生命。我们造纪念塔，纪念革命先烈，我们更要继承先烈的革命精神，做优秀的少先队员。"

刘英俊越讲越激动，一边还不住地挥舞着拳头。

小朋友们听着听着，一个个站起来，对着烈士纪念塔庄严地表示："我们一定要好好学习，天天向上，做毛主席的好孩子，做优秀的好少年。"

夕阳西下，金色的晚霞照射在小朋友们一张张红扑扑的脸上。

回家的路上，孩子们的心头还在一阵阵地激动着，大家都暗暗地说："刘叔叔在烈士塔前给

我们上的这堂课，真是好极了，我一辈子也不能忘。”

幻灯片的作用

1965年年底，矿山子弟小学，邀请炮连的幻灯组去放幻灯，刘英俊找到放映员魏吉华说："咱们好好选选片子，让小朋友看了幻灯，能从中受到教育。"

"带上一部《雷锋》吧！"魏吉华说，"小朋友们最爱看雷锋的故事了。"

刘英俊接上说："好，再带一部《王杰》，王杰同志一不怕苦，二不怕死的革命精神，对共产主义接班人，最有教育意义。"

他们还选了《越南必胜，美帝必败》和《阮文追》等幻灯片。

魏吉华把这些片子一张一张仔细地检查了一遍，猛抬头，发现刘英俊在考虑问题，就问："刘英俊，你在想啥？"

"小朋友都是在红旗下长大的，不了解敌人的凶恶和残暴，我看咱们还得赶画一部。"刘英俊回答。

魏吉华急忙问道："画什么内容呢？"

刘英俊接着说："画一部《南方来信》吧，让小朋友们了解，越南南方人民的斗争，知道美帝国主义在南越犯下的滔天罪行，从小就恨美帝国主义。"

这次放幻灯，受到了小朋友们的热烈欢迎，他们纷纷给连队写感谢信，一致表示：我们最喜欢看革命英雄的故事，我们长大了要像英雄一样狠狠地打美国鬼子。

一名好战士

佳木斯市佳西区居民庞大婶，一直精心地保存着一件珍贵的纪念品——一把崭新的镰刀。她经常拿出来看了又看，擦了又擦，生怕有一点锈。

庞大婶对丈夫和孩子们说：“这是刘英俊给咱们留下的，永久纪念品啊！”

庞大婶珍惜这把镰刀，是有原因的。

1965年8月，一天，部队要整理营区，刘英俊向庞大婶借了两把镰刀割杂草，到送还的时候，却给了庞大婶三把镰刀。

庞大婶见多了一把新镰刀，以为刘英俊送错

了门，忙说："这把新的不是俺家的！"

刘英俊抱歉："大婶，怪我不小心，把你家这把镰刀使坏了。"

刘英俊抱歉地指了指其中的一把旧镰刀，对庞大婶说："割草的时候，镰刀碰了石头块，崩了个小口子，所以重新买了一把。"

庞大婶又感动又埋怨地说："看你这同志，镰刀崩个口子算得了啥，再贵重的东西拿去使坏了，大婶也不能叫你赔呀！"

刘英俊见大婶不肯收下新镰刀，急忙解释说："大婶，损坏群众的东西要赔偿，这是我们的纪律，我得按纪律要求做。"说着，就把三把镰刀一起交给了庞大婶。

这把新镰刀，就成了庞大婶家的永久纪念品，谁到她家里去，她就给谁讲起这把镰刀的故事，每次她都激动地说："只要看到这把镰刀，就想起刘英俊，他真是一名好战士啊！"

鱼水之情

李桂英大娘耳朵有些背，她为了儿子叫门方便，在院里拴了根铁丝，一头拴在院墙外，另一头穿过窗子，通到屋里，头上还系了个小铁环，只要一拉铁丝，小铁环哐当哐当一响，大娘就知道儿子在叫门。

这是李大娘家的一个秘密，大娘把这个“秘密”告诉了刘英俊。

那天，刚下过一场大雪，天气格外阴冷，大娘在屋里，忽然发现刘英俊在院子外面转来转去，急忙开门出来问他：“同志，你有事吗？”

刘英俊回答说：“大娘，我想借把镐头，刨

刨井边的冰。”

“行啊。”大娘说罢，转身进屋拿镐去了。

刘英俊指的那眼井，是供附近三百多户居民吃水的，冬天，井边经常冻结着一尺多厚的冰层。

这天，刘英俊帮助附近几家军属做好事，路过这里，看见老乡们来打水，直打滑溜，决心把冰刨掉。

刘英俊向大娘借了一把铁镐，到井边刨起冰来，不一会儿，就累得满头大汗，他干脆脱掉棉衣再刨。

刨完了，刘英俊又向大娘借来筐、扁担和铁锹，把冰块一锹锹装进筐，挑到老远的地方去，最后，刘英俊把井边的冰渣打扫得干干净净。

打这以后，刘英俊经常来这里刨冰，每次都到大娘家来借工具，大娘见刘英俊真心诚意地为群众做好事，从心眼里喜欢他。

一天，老人家终于把铁丝的秘密告诉了刘英俊：“孩子，往后你叫门，只要拉拉这铁丝，大娘就知道是你来了。”

哐当，哐当……下班时间，铁环一响，大娘知道儿子回家了，高高兴兴地出来开门。

哐当，哐当……节日假期，铁环一响，大娘知道是刘英俊来做好事了，高高兴兴地出来开门。

刘英俊常来常往，天长日久，大娘听到铁环响，也分不出是谁了，每次总是急忙放下手里的活，跑出来开门，迎接自己的亲人。

这不是一根普通的铁丝啊，这是一根联系着军民鱼水情谊的金丝，它把大娘和战士的心紧紧地联结在一起。

英雄的离去

在1966年3月15日的早晨，天空阴蒙蒙的一片，好像预示着，会有一个非常悲凄的事情即将发生。

刘英俊和战友们充满斗志与激情，驾着三辆马拉炮车，外出训练。

当马车到达佳木斯公共汽车站附近时，刘英俊驾的炮车辕马，突然被汽车喇叭声所惊。

突然，这三辆受惊的马车向人群冲去，这时，有六个儿童吓呆了，他们一动也不动地愣站在那里。

此时孩子们的生命受到严重的威胁。

在这千钧一发的时刻，刘英俊脑海中立即浮现出雷锋、王杰等革命战士的光辉形象，和毛主席的无限教诲，刘英俊把缰绳狠狠地在胳膊上缠了几道，仿佛和自己合为一体。

刘英俊用全部的力量，使劲一拉，使惊马前蹄腾空而起。

紧接着，刘英俊不顾自己生命的安危，他手撑辕杆，从辕杆下面，用双脚猛踩马的后腿。

马突然倒下，车翻了，这6名儿童安然脱险了。

刘英俊却被压在翻倒的车马底下，身负重伤。

目睹这场舍己救人英雄行为的群众们，一拥而上，急忙将刘英俊救起，把他抬送到附近的职工医院，进行抢救。

在一片哭声与泪海中，许多候车的乘客、上班的工人、上学的学生，都纷纷被刘英俊的英雄行为所感动，关心地紧跟在后面，几百名群众和战士，纷纷主动要求为他献血。

由于伤势过重，抢救无效，刘英俊光荣牺

牲。

刘英俊像一颗星星似的在夜空中悄悄地殒落了，就这样离开了我们。

不论多少壮烈的赞歌、雄壮的颂曲都不能表达人民对刘英俊离开的悲愤之情，天上有一颗星星分外的明亮，一闪一闪地好像在和我们打着招呼，仿佛是刘英俊对我们在诉说着他的不舍之情。

追忆

永远的纪念

刘英俊是我的叔伯弟弟，当我得知他为人民群众的生命安全而英勇献身的消息时，感到十分悲痛。

但我也为党和毛主席有这样的好战士，我有这样的英雄弟弟而感到无比自豪和光荣。

正像婶母对我说的：“英俊牺牲了，我想是想，但是死去了他一个人，却保住了更多人的生命，这样的死是光荣的，他称得上是我们贫农的好后代。”

刘英俊所以能够成长为欧阳海式的英雄，这绝不是偶然的，这是他坚持认真改造思想，逐步

树立共产主义人生观的结果。

我们的老家在山东省寿光县。在旧社会，我们两家父一辈、子一辈地给地主扛活，受尽了剥削、压迫的痛苦。天禄叔（英俊父亲）因日子没法过了，下了关东。天祯叔（英俊的四叔）由于受不了地主的剥削，参加了八路军，在一次战斗中光荣牺牲了。

1952年我到长春学习，那时英俊才七周岁，他虽然年龄小，但是很懂事，一见到我就问这问那，要我讲革命故事。

一次，我讲到在战争年代为消灭敌人，部队有时几天吃不上一顿饭时，他当即表示："苦怕啥，别人能顶得住，我也能。"

记得有一次我在他家吃饭，婶母指着雪白的大米饭，高兴地说："如今的社会该有多好！要不是共产党、毛主席的领导，哪有今天这样的好生活呀！"她看了看英俊，又接着说："英俊，你长大了也要像你哥哥这样当解放军去，保卫今天的好生活。"小英俊会意地点点头说："我长大一定要当解放军。"

近几年来，我和英俊经常保持着通信联系。起初他来信总是打听参军和部队生活的事，在1961年的一次来信中，他曾经问我：“哥哥，我明年想当兵去，独生子不要，怎么办？”

我在回信中说：“你想当兵的志愿是好的，只要你有决心，参军打仗消灭敌人的志愿迟早会实现，但当前要服从党的需要……”

1962年，他在一封来信中又说：“最近蒋介石反动派，在美帝国主义支持下，不断叫嚣‘反攻大陆’，为了保卫祖国，我坚决要求参军。”

他参军以后，还经常给我来信，汇报他在部队的学习、工作情况。从他的多次来信中可以看出，他非常关心政治，最使我难忘的是，他牺牲前一个多月来的一封信。信上这样写道：“在党几年来的不断教育下，我深深懂得，一个战士不仅要军事好，还要有正确的方向，这样才能立场坚定，永远革命。”

英俊虽然和我们永别了，但他的革命精神将永远活在人民的心中，现在每当想起英俊来，我就觉得全身有一股使不完的劲。

和英俊比起来，我年龄比他大，但不如他的思想觉悟高，没有像他那样活学活用毛主席著作，牢固地树立“生为革命生，死为革命死”的无产阶级世界观。

悼念英俊，我要像英俊那样，努力地学习毛泽东思想，坚决地贯彻毛泽东思想，热情地宣传毛泽东思想，勇敢地捍卫毛泽东思想，把毛泽东思想的伟大红旗，世世代代永远传下去。

英雄的力量

打开了报道刘英俊英勇献身的报纸，心情异常激动，一副最熟悉的面孔出现在面前，我真不敢相信这就是我的表弟英俊！我一遍又一遍地读着，读着，被他的英雄行为深深地感动着。

弟弟做对了，他做了毛泽东时代一个青年所应该做的一切。

他生前说过，人的生命是短暂的，但是只要像雷锋、王杰同志那样，一心为革命，一心为人民，短暂的生命就会放射出永不熄灭的光彩。他说得太好了，并且照着去做了。

是党的阳光雨露，使这棵幼苗健康茁壮地成

长起来；是革命大熔炉，把他冶炼得如此坚强。他的成长道路是我们这个时代每个青年所应走的共同道路。

他没有辜负党的培养和人民的期望。我要向他学习，把他没读完的毛主席的书读下去，把他没走完的路走下去，把他没写完的日记写下去。

我要像他那样，为人民的利益贡献出自己的一切，甚至生命。

弟弟生前经常给我来信，谈他学习毛主席著作的体会。

他说："我学习了《为人民服务》，懂得了生和死的意义。我要生为人民生，死为人民死，像张思德那样，党叫干啥就干啥，决不碌碌无为地虚度年华。"

他又说："我学习了《纪念白求恩》，知道了应该做个什么样的人。我虽然不能和白求恩相比，但我有决心像他那样，毫不利己，专门利人，为全人类的解放事业，贡献出自己的鲜血和力量。"

他还说："我学习了《愚公移山》，知道了

应该怎样对待工作和困难，浑身增加了力量。”

弟弟最热爱用毛泽东思想武装起来的人，1963年，全国各地热烈响应毛主席的伟大号召，开展向雷锋同志学习的活动。

是他，第一个把雷锋同志的日记抄给我，把雷锋同志的照片剪下来寄给我。从他的来信中，可以看出，他被雷锋同志的崇高品质强烈地感染着。

他说：“我们一定要像雷锋同志那样，把有限的生命，投入到无限的为人民服务之中去，做一个永不生锈的螺丝钉，当一个无名英雄！”以后，他多次来信，都在信封上写上雷锋的话，愿我们共勉。

1965年，当又一个伟大的共产主义战士王杰出现以后，又是他第一个来信向我介绍了王杰同志的英雄事迹。

他严格对照检查了自己，说：“我没有像王杰同志那样，一心为革命，一心为人民，有时还有个人打算，怎么能配做一个革命战士呢？我真恨自己，今后一定向王杰同志学习，不怕苦，不

怕死，完全、彻底地为人民服务。”

他还说：“美帝国主义像发了疯似的侵略越南，我恨不得立刻奔向越南，向美帝国主义开炮。我已做好了一切准备，包括牺牲在内。

只要党一声号令，我立刻奔向最前线，把青春和生命献给世界人民最需要的事业。”

可见，他早就有了英勇献身的思想准备。

弟弟最乐于热心帮助别人，也最乐于接受别人的批评和帮助。

他经常把报纸上刊登的毛主席语录剪下来，贴在信封上寄给我，叫我努力学习，坚定在林区扎根的思想。

他还鼓励我，要“像冬夏常青的松柏一样坚强”，要“在艰苦的环境里锻炼成长”。

他说：“一个革命青年，必须经得起困难和斗争的考验……”

一年春节，我们都请假回到长春。我从他的言谈举止当中，觉得他真是变了，变成一个真正的革命战士了。

可是，他总是感到自己进步还不快，距离党

的要求还很远。他说："我今后还要努力改造思想，跟上时代前进的步伐！"

弟弟永远地离开了我们，当我想到他再也不能为社会主义建设贡献自己力量的时候，我感到悲痛，但我想到他的英雄壮举，又感到浑身充满了力量。

永远活在俺心中

我和刘英俊同志见面不多，可他留给我的印象却很深。

一年冬里，我正在家给孩子缝衣裳，突然，进来一个解放军战士，问我是不是林同志。我说：“是。”

我问他有什么事。他说：“我想打听一下，哪家是烈属、军属，哪家是五保户，哪家是贫下中农，好抽空帮助他们干点啥！”

打那以后，他常到我们这一带来做好事。他做好事帮助的人家，都是贫下中农、烈属、军属。

他帮助我们扛粮、运煤、挑水、劈木柴，什么活都干。他干的好事，三天三夜也说不完。

我们贫下中农都夸他，说他是我们的知心人，想写封信向队伍上反映反映，可是谁都不知道他的真名实姓。

一天，我说："同志啊，你帮助我们做了这么多好事，可我们还不知道你姓啥、叫啥？"他说："我姓王，你叫我王同志就行了。"我接着问他："你们部队住在哪里？"他一面说"我们是邻居"，一面乐呵呵地跑了。

军属刘大爷也是这样，过去总以为他姓王，当刘英俊同志牺牲以后，见到了他的遗像，才知道他叫刘英俊。

刘英俊同志活着的时候，和刘大爷处得像爷儿俩一样。

过年的时候，刘大爷想念他在外当兵的儿子，刘英俊同志说："大爷，您就把我当您的儿子吧！"刘大爷说："你看看这孩子，把我当作亲爹一样，真是毛主席的好战士啊！"

为了纪念刘英俊同志，我们这一带的群众，

在他牺牲的地方，栽上了一棵松树。

我们看到这棵青松，就想起了刘英俊同志。他永远活在我们贫下中农心里，永远鼓舞着我们前进！

给我动力

1966年3月15日上午，忽然听到刘英俊同志英勇牺牲的消息，我心里万分悲痛。我一想到他对我无微不至的关怀和帮助，时时处处鼓励我、引导我前进的时候，我的心情就越加激动，越加为党失去这样一个好儿子、我失去这样一位好同志而难过。

英俊同志虽然和我们永别了，但是他无限热爱、无限信仰党，积极热情地宣传毛泽东思想，一心为革命、一心为人民的彻底革命精神，将永远活在我的心里。

我要牢记他对我的帮助，读毛主席的书，听

毛主席的话，继承他的革命精神，将他没走完的路走下去，把他没写完的日记写下去。

英俊同志和我过去并不认识，一年，6月中旬的一天，我在佳木斯纺织厂子弟中学的球场上打篮球，不慎摔倒，同场打球的英俊同志马上把我扶了起来，关切地问我摔坏了没有，并且扶着我活动身体，我们就是这样相识的。

刘英俊同志待人非常热情坦率，所以我有什么想法都愿意和他谈。

有一次，我和他说："我的数学较差，复习也没有用，我不想复习。"

他马上很严肃地说："这种想法可不对头啊！既然数学不好，就更应当复习。青年人不能怕困难，对待困难只能斗争，不能退却。不向困难斗争，永远也不能战胜困难。"

他说完后，随手拿出带在身边的《毛主席语录》，和我一起学习毛主席在《愚公移山》中的教导。

学完后，他问我是移山难还是复习数学难？我说："当然是移山难啰！"他笑着说："愚公

都敢移山，难道我们就不敢攻克数学这道小小的难关？”

我听了他的话，心里很惭愧，深深感到过去数学所以学得不好，就是因为思想不过硬，缺乏向困难做斗争的精神。

刘英俊同志又说：“既要在战略上藐视敌人，又要在战术上重视敌人；既要有攻克数学难关的雄心壮志，又要由浅入深，逐步提高。”

我记住了他的话，经过一段刻苦的复习之后，我的数学成绩有了显著提高。

我初中毕业后，有一天，刘英俊同志突然来找我，问道：“初中毕业了，你有什么打算？”

我回答说：“第一志愿是参加中国人民解放军，保卫祖国；第二志愿是升学。”

他接着问道：“这两个志愿都实现不了，你打算怎么办？”

我说：“那只好在家待着了。”

他听了我的回答，立即和蔼地对我说：“党和毛主席不是一再教导青年学生要一颗红心两种准备吗？升不了学，应当到农村参加劳动。”

我回答说："到农村，太艰苦，白念这么多年书。"

他立即批评我的想法是错误的。他说："农村是最广阔的天地，是大有作为，是锻炼青年的好地方。"

然后又对我说："近几年来，各地有好多优秀的学生，怀着一颗建设社会主义新农村的决心，没有升大学，而是响应党的号召，奔赴农业战线，在农村安家立业，并且做出了很大贡献。我们青年人就应当向他们学习。"

我听了刘英俊同志的话，又记起了爸爸妈妈的教导，思想开阔了许多，除了参军升学的打算以外，也有了参加农业生产的准备。

后来，我被介绍到佳西商店做营业员。

到了商店以后，不敢见熟人，不敢见同学，怕别人说我低气。刘英俊同志知道了我的想法后，就向我指出："你不当售货员，他也不当售货员，那要谁来当呢？我们应当像雷锋同志那样，干一行，爱一行、钻一行才对。"

说到这里，他停了停又说："我们一切工作

干部，不论职位高低，都是人民的勤务员，我们所做的一切，都是为人民服务……”

他又告诉我：“一个人活着，时时刻刻要把人民的事业、革命的事业放在第一位，不能把‘我’字放在第一位。如果把‘我’字放在革命之上，对什么工作也不会满意，什么工作也做不好。”

刘英俊同志的话，真是一针见血地揭了我的底。我不愿意做商业工作，就是“我”字挡道。

我当时向他表示：“今后一定安心在商业这一行，做好工作。”

他听后说：“今后，不管遇到什么困难和问题，你都不能泄气，一定要努力，好好干工作。”

我听了刘英俊同志的话，认真地点点头，心里暗下决心：自己一定要像刘英俊同志那样经常学习，随时都检查对照一下思想，找出努力方向。

从此，自己思想觉悟逐渐有了提高，积极参加了社会主义建设，服务质量也有了很大提高。

刘英俊同志很为我的进步高兴，并不断鼓励我继续前进。

多好的同志啊！是你引导我这个小青年在革命大道上向前迈出了第一步。

现在我知道刘英俊同志关怀帮助的并不是我一个人，他对所有的阶级兄弟都是那样的热情，那样的关怀。

他不仅自己如饥似渴地学习毛主席著作，而且时时处处宣传毛泽东思想。

我要化悲痛为力量，决不辜负他对我的期望；我要更加努力地学习，保卫社会主义，保卫毛泽东思想，贡献自己的一切。

做新时代的好孩子

刘英俊是一位优秀的校外辅导员，他把宣传毛泽东思想当作自己毕生的任务，把培养革命接班人看作是自己的神圣责任。

刘英俊培育下一代能从教育入手，启发孩子们热爱党、热爱毛主席、热爱新社会。

刘英俊第一次和我们班小朋友见面，就讲了劳动人民在旧社会的苦难生活。

他和小朋友一同参谒了烈士纪念塔，给小朋友讲革命故事，告诉小朋友：今天的幸福生活来之不易，是革命先烈用鲜血换来的，我们要牢记阶级苦，珍惜今日甜，听毛主席的话，好好学

习，天天向上，做优秀的好孩子。

刘英俊的全部辅导活动，都贯穿着一条线，就是加强对儿童的思想教育。

1963年5月4日，刘英俊在信上说：“……必须清楚地了解孩子们在想些什么，系统地观察、分析、研究孩子们的思想动向。不仅校内的情况要研究，他们的家庭状况、环境与朋友，游戏与娱乐的内容也要研究……”

1963年5月19日，刘英俊又在来信中说：“你的工作是在培养，教育孩子，对学生的思想教育是培养学生的一个重要方面，也是你工作中的纲。思想一环抓起来了，就会使学生自觉地按培养目标努力，就能使学生积极劳动，刻苦学习，遵守纪律。

……应当常常讲一些国家大事和英雄模范的故事给孩子们听，培养学生有一种时刻准备为祖国、为社会主义和共产主义立功的强烈愿望。

……把孩子培养成为党和国家所希望的共产主义新人，这是每一位班主任，每一个教师的光荣、崇高、重要的责任。”

刘英俊同志在担任校外辅导员的工作中，完全实践了他所说的这些话。

刘英俊常来学校了解学生的思想情况，找小朋友谈心，进行家庭访问，组织孩子们学习理论……

当刘英俊因公执勤或因病不能来校辅导的时候，他就通过书信来开展工作。

刘英俊生前曾给我和小朋友们写过很多信，前面提到的两封，就是在半个月之内寄来的，一封是晚上10点30分写完的，一封是晚上10点47分写完的。

从这里可以看出，刘英俊为了培养孩子，花费了多么大的心血，在他的脑海里，这项工作占了多么大的位置！

刘英俊常说："作为一个贫农的儿子，我应当多为党工作，多贡献力量……"

刘英俊就是这样带着深厚的感情，帮助和鼓舞人们听党的话。

刘英俊同志为人民献出了年轻的生命，他虽死犹生。

他的英雄形象永远活在我们的心里，他是我们学习的好榜样。

我们要把刘英俊的英雄事迹传给下一代，教育孩子像他那样做新时代的好孩子。

画英雄

我从小就喜爱画画，除了在课堂上画老师教的，还在课余时间画自己选的，什么文官武将、神话人物我都画。

有一天，我正在画这种画，刘英俊叔叔辅导我们来了。他走到我身边笑着问我：“徐伟，你在画什么呀？”

我给他看。他看了看，亲切地说：“要多画红色英雄，要画用毛泽东思想哺育出来的英雄。”

打这以后，我就画起雷锋、王杰等毛泽东时代的英雄人物来了。

对这些英雄，我越画越爱，越爱越画。有的时候，我一画就想：“我要是能做到他们这样该多好啊！”

在雷锋、王杰叔叔的革命精神鼓舞下，我学习毛主席著作的劲头越来越足了，做的好事越来越多了。

刘英俊叔叔光荣牺牲的消息一传来，我立即感到，他就是毛泽东时代的英雄，我应该像画雷锋、王杰那样地画他。

当我打开画着雷锋、王杰的画册的时候，一张熟悉的面孔在我脑海里浮现出来，刘英俊叔叔好像还在说：“要听毛主席的话，好好学习，天天向上，当无产阶级革命事业的接班人……”

刘英俊叔叔太好了，我不仅把他画在画册上，画在中队和大队的黑板报上，而且把他的英雄形象画到了我的心里。

我永远也忘不了刘英俊叔叔对我们的帮助。

心中有人民

刘英俊这孩子，不但在紧要关头，能够舍了生命救孩子，就是在平时，他心里也只有别人，没有自己。

寒冬腊月，我们居民委员会的水井边冻出了一个小“冰山”，大家打水很不方便。一个星期天的早晨，8点多钟，我正在屋里忙着，忽然发现有个战士站在门外，我走出去问：“同志，有什么事吗？”他说：“大娘，我想借个镐，借把锹，把那个井边刨一刨！”我把镐、锹借给他，他把棉衣脱下，就干起来。

过了一会儿，我出去一看，他那小白布衫被

汗水湿得透透的。

我说："你瞅，这孩子真是毛主席的好孩子，这活干得多猛呀！"我把棉衣给他披上，说："天冷，快完了，你就回去休息休息吧！"

刨完冰，他不休息，又向我借了土筐，把刨下来的冰弄到壕沟里去，一直干到11点多钟才回去。

他一连利用休息时间刨了几次，才把那座"冰山"搬走，把水井旁修得平平整整的，还给垫上了砂子。

我问他姓啥。他笑呵呵地说："大娘，我姓王。"转身就走了。

有一天，正赶上我的孩子在家，我看他又来了。我说："福子，你出去看看王同志是借镐，还是借锹。"

我孩子一瞅，歪着头对我说："妈，那不是我刘哥哥吗？他叫刘英俊呀！"我说："你怎么认识？"他说："我们在一起打过球嘛！"我说："那你赶快请你刘哥哥进来！"

刘英俊一进屋，我就说："咳！你怎么骗大

娘呢？你跟雷锋学，跟王杰学，净做好事，当无名英雄！要不是你小弟弟在家，我还以为你真姓王呢！”

刘英俊这孩子，真的是把毛泽东思想都记在脑子里，刻在心上啦！他做的好事实在太多了！

一年腊月，我去粮店买粮，刚把粮食顶在脑袋上走出店门，就有人从后边把粮食拿过去了，我回头一瞅，是刘英俊。

我说：“孩子，你从哪儿来？”

刘英俊说：“我也是买东西来了，我给您老人家把粮食送回去吧！”我说：“你拿着挺沉的！”他说：“您拿着不是也沉吗？”他硬是帮助我把粮食送到了家。

临走时，我说：“回去要多读毛主席的书，听毛主席的话！”他说：“大娘，您放心吧，毛主席的话我坚决不能忘！”

刘英俊救了第二代，他的英雄行为也教育了第二代。

我家是托儿站，我一有空就给孩子们讲刘英俊的事。

我问孩子们："刘叔叔是为谁牺牲的？"

孩子们说："是为我们大伙。"

我说："你们怎么向他学习？"

孩子们说："我们要像刘叔叔那样，听毛主席的话！"

有的孩子说："你别看我们小，我们长大了也去当解放军，打美国鬼子！"

一心为人民

刘英俊同志舍身救人、光荣牺牲以后，我又感动又难受，看到他的遗像，一件让人难忘的事，又出现在我的眼前。

那天，大风大雪，我从居民委员会开会回来，一进屋，就发现两个孩子不见了，我心里急得火燎燎的。

我的儿子启敏还不满四岁，九岁的女儿艳军得过小儿麻痹症，走路不方便，万一迷了路，陷到雪窝里可咋办呀！

正想着，突然吱的一声，门开了，满身雪花的刘英俊一手抱着启敏，一手拉着艳军，走进门

来。

他放下孩子，非常热情地说："大婶，我在马路上看见两个孩子冻得走不动了，怕路上车多出事，给您送回来了。"

我听了，心里感动得不知说什么才好，连忙叫他到炕上歇歇。可是，他说了声"我还要参加学习呢"，就一溜烟似的跑了，我在后面叫也叫不住。

回到屋里，我看着九岁的女儿，不由得想起了我九岁那年……

那还是日本鬼子侵占东北的时候，地主、汉奸、狗腿子们，到处横行霸道，我们穷人家受苦受难，简直没法生存。

我跟着我妈东奔西逃，好不容易在辽阳租了一间破房子住下来。

有一天，我妈叫我到地主家送房租粮，刚迈进大门口，地主的两只看家狗，凶狠狠地朝我扑来。

我年纪小，一见狗咬来了，吓得"哇"的一声，倒在地上，粮食撒得满地都是。

狼狗蹿上来，撕烂了我的衣服，把我大腿咬得鲜血直流……

越是忆苦思甜，我越感到今天生长在这样的时代，真是无比的幸福啊！

刘英俊同志牺牲了，可是他那真心诚意为人民的精神，却永远活在我们贫下中农的心里。

我时常给孩子们讲刘英俊同志生前的事迹，教育他们向刘英俊叔叔学习，长大了像刘英俊叔叔那样，完全、彻底的为人民服务。

比泰山还重

刘英俊同志在短短的一生中，做了很多很多有益于人民群众、有益于连队集体的好事。

刘英俊同志做好事，从来没有一点显示自己的意思。

他一心为公，诚心诚意地把自己的全部精力贡献给革命，贡献给人民。

做好事就是革命的实践，就是学了毛主席著作在“用”字上狠下功夫，就是自觉地、无条件地执行党的教导。

刘英俊同志说过：“为革命贡献自己一切的人，才算是一个真正的人。

他又说：“我能否成为这样的人，还有待于实践。”

他还说：“我确实深深体会到，‘实践是检验真理的试金石’，我将受实践的考验。”

他就是遵照党的教导，在为人民服务的具体实践中，逐步地提高了无产阶级觉悟，树立了共产主义世界观。

刘英俊同志把全部生命，投入到为人民服务中去，他所做的好事，大都是在业余时间。

刘英俊同志说过：“为人民利益而死，就比泰山还重，为人民利益而活着的人，也比那泰山还重。”

我们用这句话来评价刘英俊同志是十分恰当的。

他为保护人民生命而英勇献身，他的死比泰山还重；他一心为公，把全部时间、全部精力贡献给人民，他活着的时候，也比那泰山还重。

我们应该像刘英俊同志那样，勇于到实践中去锻炼，去改造，热爱人民，真诚地为人民服务，鞠躬尽瘁，死而后已。

用理论武装自己

刘英俊同志生前所在连队的干部、战士和当地群众回忆了他的生平，大量的生动事迹说明，刘英俊同志是一个优秀的无产阶级革命战士。

他们说，刘英俊同志学习毛主席著作确实学得好，用得好，称得上是雷锋、王杰式的毛主席的好战士。

刘英俊同志所在部队党委，在决定中指出，刘英俊这个英雄人物的出现，是他平时坚持认真学习理论，用党的思想武装自己的结果。

刘英俊同志是党的思想武装起来的雷锋、王杰式的伟大的共产主义战士。

令人崇敬

《解放军报》编者按：我们怀着激动的心情，向同志们推荐刘英俊的母亲的这篇谈话。

这是一篇充满革命豪情的谈话。

它表达了一个贫农社员对党、对毛主席的无限热爱、无限深厚、无限真挚的阶级感情；

它表达了一个烈士的母亲，对自己的儿子为人民利益而死感到自豪的心情；

它说出了广大劳动群众的心里话，表达了他们对后代所寄予的殷切期望。

从这篇谈话里，我们看到，刘英俊的母亲在刘英俊很小的时候，就向他进行新旧社会对比的

教育，教育他牢记阶级苦，不忘血泪仇，教育他热爱新社会，热爱党和毛主席。

这篇谈话，生动地向我们介绍了，刘英俊如何在党思想的哺育下，在革命部队大熔炉的锻炼中，从一个有着朴素的阶级感情的贫农孩子，逐步成长为一个伟大的共产主义战士的过程。

刘英俊的成长，是党的思想教育的结果，刘英俊的母亲能够以革命的态度来对待儿子的牺牲，同样是党的思想教育的结果。

她那宽广的胸怀、坚强的意志，是令人感动、令人崇敬的。

让我们向刘英俊学习，向刘英俊的母亲学习，永远忠于党，忠于人民。

妈妈的好儿子

乍一听到英俊牺牲，我和他爹都难过得落下了眼泪。俺老两口就这么一个儿子，怎能不悲痛呢？可是我们又一想，英俊是为了保卫人民生命牺牲的，他做得对，做得好。

毛主席他老人家说过：“为人民利益而死，就比泰山还重……”

英俊的死是比泰山还重的，他没有辜负党的希望，没有辜负毛主席的希望，也没有辜负我们的希望。

英俊牺牲不久，我和老伴到佳木斯去参加追悼大会。许多同志都说：“英俊是我们的好榜样，他永远活在我们的心里。”

当地群众也说：“英俊是您的儿子，也是我们佳木斯30万人民的儿子。他为我们牺牲了，我们要永远纪念他，向他学习。”

听了这些话，我更觉得孩子死得光荣。我含着热泪，心想：是毛主席把俺们从苦海里救了出来，是您老人家把英俊教育成了一个好孩子，我要像儿子那样，永远听党的话，永远跟着党走。

英俊小时在家，就经常叫我们给他讲旧社会的苦日子，有时，我们讲到他叔叔被国民党反动派杀害的情形，他气得小眼睛瞪得溜圆，举起小拳头说：“我长大了一定参军给叔叔报仇！”

有时，我们讲党和毛主席领导咱劳动人民翻身闹革命，走上社会主义大道，他激动地高喊“毛主席万岁！”

英俊生在旧社会，长在新社会，没有受过太多的苦，年岁稍大点，就不爱穿带补丁的衣服了。我想这不是忘本了吗？

为了教育他别忘了过去，我就把他带到我们家在旧社会住过的破砖窑那里。

英俊问我："妈！到这个地方来干什么？"

我说："英俊啊！在旧社会，这可是咱们的家啊！"

他说："这个地方连腰都直不起来，怎能住人呢？"

我说："孩子，妈就是在这个地方生的你。

那时候，妈和你爹从老家跑到这里做苦工，连个落脚的地方都没有，只好住在这个破窑里。

妈生你的时候，一连三天没有一粒粮下肚，连口热水都喝不上呀！

那时候，妈穿的破衣服，后背都磨光了，可连块补丁布都没钱买啊！

想想过去，看看现在，你连带补丁的衣裳都不愿意穿了，这不是忘本了吗？

要不是党和毛主席从火海里把咱救出来，别说穿衣服，咱们的命也不知到哪去了……"

英俊听着听着，他含着眼泪跟我说："妈，我错了……"

从这以后，他各方面都有了不少的变化。

用节省下来的零花钱，买了两张毛主席像，

做了两个镜框镶起来，挂在墙上，他打心眼里热爱党和毛主席。

早晨上学，晚上放学，总要望一望毛主席的像，嘴里唱着："天上有颗北斗星，地上有个毛泽东……"

以后，他学习也更加用心了，各种劳动都抢着干，遇见别人有困难，想尽办法去帮助。

在学校里，他被评为勤工俭学的模范、优秀少先队员，还受到过市、区共青团组织的奖励和表扬。

1962年，蒋介石在美帝国主义的支持下，妄想窜犯大陆，我和老伴听了都非常气愤，坚决支持儿子参军去保卫咱人民的江山。

英俊走了，我心里是又放心又担心。

放心的是把儿子交给了咱们的队伍，准没错儿。

不放心的是，虽说英俊长大了，可他到底还是个孩子，干什么事儿都毛毛愣愣的。

在他走了两个多月以后，我就到部队去看他。

一见面，我看他穿着一套合身的军装，显得特别精神。领导对我很关心，叫英俊陪着我。

他欢欢喜喜地跟我说："部队太好了，老同志、班长、排长对我照顾得可周到啦，连晚上蹬了被子都给盖好。"

他拿着一本毛主席的书给我看了看说："我们入伍第一课就学毛主席写的《为人民服务》。"

我想，孩子走上了党指引的光明大道，我还有啥不放心的呢！看到队伍上工作很忙，我只住了三天就回来了。

1964年"五一"节，我第二次去看英俊，当时，他正在地里劳动，连里专门派人把他叫了回来。

他一进门，我简直不认识了：个头长高了，体格长壮了，比在家时胖多了，脸上黑里透红，我把他拉到跟前看了又看，乐得嘴都闭不上了。

晚上，10点多了，我们娘俩躺在床上拉家常，忽然，他起来出去了。

原来，他想起明天生产用的种子不够了，还

缺牲口套，他和指导员说了以后，把生产用的东西准备好，才回来继续和我说话。

这天晚上，他特别跟我谈了自己在部队的收获。他说，他到了部队以后，心里可亮堂啦！懂得了一个人应该怎样活着才有意义。

他还给我讲张思德怎样一心一意为人民服务，毛主席说他的死比泰山还重；白求恩是外国人，五十多岁了，漂洋过海来到中国，帮助咱们革命，一点私心也没有。

他说他一定要向张思德、白求恩学习，把自己的一切交给人民。

我觉得他脑子里想的净是革命的大事，真是越学习越进步。

临走时，我跟他说："孩子，你可一定要听党和毛主席的话走大道。"

他高兴地说："妈，你放心好了，我一定要好好地学习！"

他自己这样做了，也帮助我们这样做，经常给我们来信讲毛主席的话，叫我们坚决跟党走。

就在他牺牲前不久，还在写给我们的一封信

的信皮上，端端正正地抄上了这样一条毛主席语录。

他告诉我们要听党的话，千万要站稳立场。

一年春节，英俊回来探家，随身带着《毛泽东选集》，他一到家就到公社联系，要求给他活干。

他有空就去做群众工作，到处做好事，看望战友的家人，做同学的思想工作，每天都是很晚才回到家来。可是不论多晚，他都要学一阵子，写一段心得后才睡。

他经常说："我一定要向雷锋、王杰学习，做毛主席的好战士。"

一次，有些亲友来看他，问他多久复员。他说："美帝国主义还在越南杀人放火，蒋介石还在台湾，世界上还有千千万万的人民受苦难，我不能复员，革命需要我干多久，我就干多久。在全世界实现共产主义，才是我们的奋斗目标。"

他还说："我现在是属于人民的，人民的需要就是我的志愿。"

英俊他站得更高、看得更远了。

我们老两口都为他的进步感到高兴，这都是党教育的结果啊！

英俊现在虽然离开了我们，但是，我看到大家都在向他学习，提出了要像他那样努力地学习，俺的心里就越想越高兴。我和他爹，虽然是上年纪的人了，但也有决心向儿子学习。一辈子听党的话，跟党走，做让党放心的好人。

图书在版编目（CIP）数据

刘英俊 / 孙莹莹编著. -- 哈尔滨：黑龙江美术出版社, 2013.12（2018.7重印）
（中国梦. 青少年爱国励志篇）
ISBN 978-7-5318-4339-9

Ⅰ. ①刘… Ⅱ. ①孙… Ⅲ. ①刘英俊（1945～1966）－生平事迹－青年读物②刘英俊（1945～1966）－生平事迹－青年读物 Ⅳ. ①K825.2-49

中国版本图书馆CIP数据核字(2013)第286502号

刘英俊

编　　著/ 孙莹莹
责任编辑/ 陈颖杰　郭建廷
装帧设计/ 郭婧竹
出版发行/ 黑龙江美术出版社
地　　址/ 哈尔滨市道里区安定街225号
邮政编码/ 150016
发行电话/（0451）84270514
网　　址/ www.hljmscbs.com
经　　销/ 全国新华书店
印　　刷/ 北京一鑫印务有限责任公司
开　　本/ 720×1020　1/16
印　　张/ 11
字　　数/ 100千
版　　次/ 2013年12月第1版
印　　次/ 2018年7月第2次印刷
书　　号/ ISBN 978-7-5318-4339-9
定　　价/ 34.80元